BATTLE

주 의

!

- 이 책은 공룡들이 싸워서 상처를 입도록 하려는 것이 아니라, 배틀을 통해 공룡의 성질과 능력을 알아가는 것을 목적으로 한다.

- 이 책의 배틀은 가상으로 꾸민 배틀이며 배틀의 결과도 이 책에서 나오는 대로 승패가 난다고 보장할 수 없다.

- 이 책에 등장하는 공룡을 청코너, 홍코너로 구분하는 것은 승패의 표시를 보다 쉽게 구분하기 위한 것이다. 실제 권투 경기에서처럼 청코너가 도전자, 홍코너가 챔피언이라는 의미를 담고 있는 것은 아니다.

- 이 책에 등장하는 공룡들의 이름, 모습 등의 자료는 저술가의 의견에 따라 표시하였다.

恐竜 最強王者 大図鑑

Copyright © 2017 by Tsuchiya Ken, G.B.company
Original Japanese edition published by Takarajimasha, Inc.
Korean translation rights arranged with Takarajimasha, Inc.
Korean translation rights © 2017 by Glsongi Co., Ltd
Korean translation rights arranged with Takarajimasha, Inc.
Through Carrot Korea Agency

이 책의 한국어판 저작권은 캐럿 코리아 에이전시를 통한 저작권자와의 독점 계약으로 ㈜글송이에 있습니다. 저작권법에 의하여 한국 내에서 보호를 받는 저작물이므로 무단 전재와 무단 복제를 금합니다.

2025년 4월 20일 초판 13쇄 펴냄

감수 · 츠치야 켄
옮김 · 이진원

펴낸이 · 이성호
펴낸곳 · (주) 글송이

편집 / 디자인 · 임주용, 최영미, 한나래
마케팅 · 이성갑, 윤정명, 이현정, 문현곤, 이동준
경영지원 · 최진수, 이인석, 진승현

출판 등록 · 2012년 8월 8일 제 2012-000169 호
주소 · 서울시 서초구 능안말 1길 1 (내곡동)
전화 · 578-1560~1 **팩스** · 578-1562
이메일 · gsibook01@naver.com

ISBN 979-11-7018-391-4 74490
　　　979-11-7018-390-7 (세트)

* 이 도서의 국립중앙도서관 출판시도서목록 (CIP) 은 서지정보유통지원시스템 홈페이지 (http://seoji.nl.go.kr) 와 국가자료공동목록시스템 (http://www.nl.go.kr/kolisnet) 에서 이용하실 수 있습니다. (CIP 제어번호 : CIP2017026507)

들어가는 글

★공룡왕★
토너먼트 배틀

가상 배틀로 만나는 공룡 도감!

아주 오래전, 어마어마한 크기와 무시무시한 힘으로 지구를 지배하던 공룡들!
지금은 멸종된 공룡들이 시간과 공간을 뛰어넘어 '최강 왕좌'를 두고 대결을 벌인다면
과연 어떤 공룡이 우승할까? 지금부터 그 치열한 배틀이 시작된다.
가상 배틀이지만 공룡들의 특징, 생존 시기, 식성, 무기 등 지금까지 알려진
다양한 자료를 바탕으로 생생한 사진을 함께 수록하여 어린이들이 공룡에 관해
학습할 수 있도록 했다.

규 칙

❶ 배틀 상대는 추첨을 통해 정한다.

❷ 배틀 출전 공룡은 그 종에서 완전히 성장한 개체로 정한다.

❸ 예선 ❶라운드에서는 공통의 장점을 가진 공룡들끼리 싸운다.

❹ 두 출전자의 체격, 몸무게 등에서 큰 차이가 있더라도 약한 쪽에 유리한 조건을 부여하지 않는다.

❺ 배틀 무대는 공룡들의 실제 서식지와 관계없이 정하며, 양측 어느 쪽에도 크게 불리하지 않도록 정한다. 단, 유리한 지형으로 상대를 유인하는 것은 허용한다.

❻ 날씨, 기온, 수온 등의 배틀 환경도 양측 어느 쪽에 큰 불이익을 주지 않도록 정한다.

❼ 배틀 시간은 두 출전자가 활발하게 활동할 수 있는 시간대로 정하며, 배틀 무대는 중생대부터 현대까지 무작위로 결정된다.

❽ 승패가 정해질 때까지 배틀 시간에 제한을 두지 않는다.

❾ 배틀 도중 큰 부상으로 인한 대결 불가능과 사망, 전투 의욕 상실로 인한 도망 등은 패배로 인정한다.

❿ 이전 배틀에서 받은 부상과 체력 저하는 다음 배틀에 영향을 주지 않는 것으로 본다.

• 기타 규칙

공룡은 아니지만 공룡 시대에 하늘을 나는 파충류인 익룡도 이번 배틀에 참가해 똑같은 규칙대로 대결을 한다. 그리고 공격성이 강하지 않은 공룡이더라도 배틀 상대에게 적극적으로 공격을 가하기로 한다.

이 책의 구성

• 공룡 소개

1. 배틀 번호: 몇 번째 배틀인지를 나타낸다.
2. 배틀 부문: 공룡왕 토너먼트, 스페셜 배틀 등 배틀의 부문을 나타낸다.
3. 공룡 이름: 한글과 영어로 표기한다.
4. 길이와 무게: 공룡의 몸길이, 익룡의 날개 길이, 무게를 나타낸다.
5. 정보: 공룡의 분류, 식성, 생존 시기, 화석 발견 장소 등을 나타낸다.
6. 크기 비교: 공룡의 크기를 성인 남성 (키 170cm)이나 건물과 비교한다.
7. 공룡 소개글: 공룡에 관한 주요 설명 및 습성과 능력을 소개한다.
8. 무기: 공룡의 공격과 방어 무기를 소개한다.

• 공룡 상식

공룡이 살았던 시기, 공룡의 종류, 최신 과학이 밝혀낸 공룡의 모습, 공룡의 멸종 이유 등 공룡에 관한 다양한 상식을 소개한다.

• 배틀 장면

A조 준준결승전 2 — 공룡왕 토너먼트

홍 사이카니아 ★★★★★ vs **청 트리케라톱스**

이번 배틀은 머리에 뾰족한 뿔이 있는 트리케라톱스와 머리에서 꼬리까지 단단한 갑판으로 덮여 있는 사이카니아의 대결이다. 이들의 특징을 보면, 마치 '창과 방패'의 대결 같다. 두 공룡 모두 평소에는 공격적이지 않은 초식 공룡이지만 최강 초식 공룡을 결정하는 준준결승전인 만큼 서로에게 맹렬한 공격을 퍼붓기로 한다. 배틀 무대인 드넓은 황야에 트리케라톱스와 사이카니아가 등장한다.

뿔과 갑옷의 마지막 대결! 승자는?

START!

1 공룡 공격으로 혈투 돌입!
머리를 겨눈 줄 알았던 트리케라톱스는 꼬리 곤봉을 노리며 접근한다. 갑판으로 싸이카니아의 몸 전체가 덮인 트리케라톱스의 공격에 피하기 시작한다.

2 두 번째 공격의 기회 포착!
결정타를 날리기 위해 사이카니아가 몸을 돌려 더 강한 공격을 준비한다. 그 순간, 트리케라톱스가 사이카니아의 약구리를 뿔로 찔어버린다. 하지만 사이카니아의 단단한 갑판을 뚫지 못한다.

POWER UP!

3 트리케라톱스, 돌격!
트리케라톱스가 다시 돌격해 뿔로 상대를 들어 버리고 무방비 상태의 배를 밟고 짓밟는다. 사이카니아는 트리케라톱스의 공격을 피하지 못하고 배가 뒤집혀 버린다.

4 공격 포인트! 육중한 몸으로 짓밟기
몸무게가 10t이나 되는 트리케라톱스의 몸으로 짓밟혀 어떤 상대라도 내장이 파열되어 죽을 것이다.

최강의 초식 공룡을 가리는 이번 배틀에서는 상대의 허점을 노리고 공격에 성공한 트리케라톱스가 승리했다. 멋지게 싸워 승리를 거머쥔 트리케라톱스가 준결승전에 진출한다.

WINNER 6 트리케라톱스

❶ 배틀 번호: 몇 번째 배틀인지를 나타낸다.

❷ 배틀 소개: 배틀 무대와 배경을 설명한다.

❸ START!: 배틀의 시작을 알리고 배틀 초반의 장면을 설명한다.

❹ POWER UP!: 승부를 결정짓는 필살기 공격 장면을 설명한다.

❺ 공격 포인트: 배틀을 승리로 이끈 필살 공격의 핵심을 소개한다.

❻ 승자 발표: 배틀 승자를 알려 준다.

• 공룡 호기심

공룡의 지능 비교, 공룡의 턱 힘 비교, 가장 거대한 공룡, 능력별 최강 공룡 등 공룡에 관한 다양한 호기심을 쉽고 재미있게 해결해 준다.

★최강 공룡왕 토너먼트 대진표

A조 Battle Match

준준결승전-1

예선 ❷라운드-1 / 예선 ❷라운드-2

예선 ❶라운드-1 / 예선 ❶라운드-2 / 예선 ❶라운드-3

- 티라노사우루스
- 스테고사우루스
- 미라가이아
- 데이노니쿠스
- 마푸사우루스
- 스테고케라스
- 파키케팔로사우루스

방어력 대결 | 단체 대결 | 박치기 대결

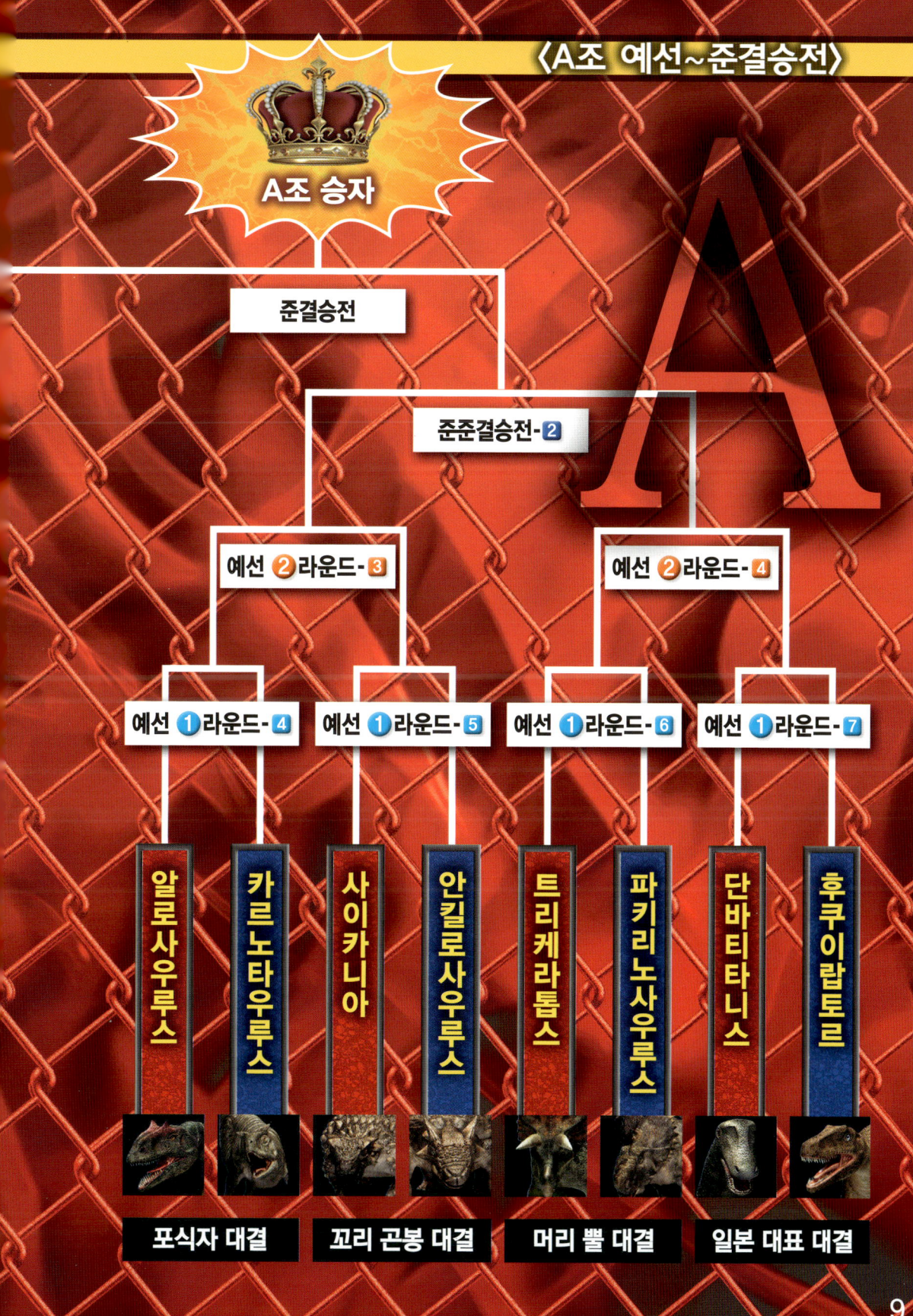

〈B조 예선~준결승전〉

B

B조 승자

준결승전

준준결승전-2

예선 2 라운드-3 | 예선 2 라운드-4

예선 1 라운드-5 | 예선 1 라운드-6 | 예선 1 라운드-7

프테라노돈 | 케찰코아틀루스 | 트로오돈 | 벨로키랍토르 | 오르니토미무스 | 미크로랍토르 | 스피노사우루스

익룡 대결 | 지능 대결 | 스피드 대결

★ 최강 공룡왕 토너먼트 대진표　〈결승전〉

- ? / A조 승자
- ? / B조 승자
- → 최강 공룡왕

★ 최강 수중왕 토너먼트 대진표　〈예선~결승전〉

최강 수중왕 / 결승전
- 준결승전-1, 예선-1
- 준결승전-2, 예선-2

리오플레우로돈 | 메트리오린쿠스 | 아르켈론 | 탈라토아르콘 | 후타바사우루스 | 모사사우루스

★ 스페셜 배틀 대진표 〈현존 동물, 멸종 동물〉

현존 동물 VS 멸종 동물

회색늑대 VS 데이노니쿠스

북극곰 VS 스밀로돈

멸종 동물 VS 멸종 동물

메갈로돈 VS 모사사우루스

스페셜 배틀은 공룡왕 토너먼트 배틀과 수중왕 토너먼트 배틀과는 다른 형식으로 진행된다. 늑대, 북극곰 같은 현존 동물과 메갈로돈, 데이노니쿠스, 스밀로돈, 모사사우루스와 같은 멸종 동물이 등장하여 대결을 펼친다.
배틀에 출전한 동물들이 각각 어떤 공격과 방어 기술을 선보이며 승부를 가를지 궁금하다. 시간과 공간을 초월한 동물들 간의 싸움으로 승패를 예상하기 어려운 만큼 흥미진진한 무대가 펼쳐질 것이다.

차 례

4	들어가는 글
5	규칙
6	이 책의 구성
8	최강 공룡왕 A조 토너먼트 대진표
10	최강 공룡왕 B조 토너먼트 대진표
12	최강 공룡왕 결승전 대진표
12	최강 수중왕 토너먼트 대진표
13	스페셜 배틀 대진표

배틀

15	최강 공룡왕 배틀 A조 예선 ❶라운드
47	최강 공룡왕 배틀 B조 예선 ❶라운드
77	최강 공룡왕 배틀 A조 B조 예선 ❷라운드
101	최강 수중왕 배틀
125	최강 공룡왕 준준결승전, 준결승전
139	스페셜 배틀 – 현존 동물, 멸종 동물
153	최강 공룡왕 배틀 결승전
156	최강 공룡왕 총평가 및 우승자

공룡 상식·호기심

44	공룡은 어떤 동물일까?
46	공룡의 지능 비교
76	공룡의 무게 비교
98	최신 과학이 밝혀낸 공룡의 모습
100	공룡의 턱 힘 비교
124	가장 거대한 공룡
138	가장 작은 공룡
152	능력별 최강 공룡
158	공룡은 왜 멸종했을까?

최강 공룡왕 배틀

A조 예선 ❶ 라운드

A조

스테고사우루스 VS 미라가이아

데이노니쿠스 VS 마푸사우루스

스테고케라스 VS 파키케팔로사우루스

알로사우루스 VS 카르노타우루스

사이카니아 VS 안킬로사우루스

트리케라톱스 VS 파키리노사우루스

단바티타니스 VS 후쿠이랍토르

A조 예선 1 라운드-1 방어력 대결

스테고사우루스
공포의 붉은 골판

길이 **6.5m**
무게 **3.5t**

Stegosaurus

분 류	조반목 > 검룡류
식 성	초식
생존 시기	트라이아스기 / 쥐라기 / 백악기

화 석

크기 비교

스테고사우루스는 검룡류(등 쪽에 골판이 있고 꼬리 쪽에 날카로운 골침이 있는 공룡) 가운데 가장 큰 공룡이다. 등의 골판이 최대 가로 80cm, 높이 1m나 되며, 골판 안에 있는 많은 핏줄이 몸의 온도를 조절하는 기능을 한다. 적이 나타나면 골판 속 피의 양을 조절하여 골판 표면을 붉게 물들여 위협한다.

무기
날카로운 꼬리 가시
뾰족한 네 개의 가시가 달린 꼬리를 휘두르면 사나운 육식 공룡도 물리칠 수 있다. 얼굴 아래에 촘촘하게 나 있는 작은 뼈들은 목을 보호하는 방어 무기로 사용된다.

공룡왕 토너먼트 청

미라가이아
검룡류 중 가장 긴 목

길이 6.5m
무게 2t

Miragaia

분류	조반목 > 검룡류
식성	초식
생존 시기	트라이아스기 / 쥐라기 / 백악기

화석

크기 비교

대부분의 검룡류는 목이 짧아 주로 키가 작은 식물을 먹은 반면 미라가이아는 검룡류 중에서 가장 목이 긴 공룡이다. 긴 목은 높은 곳에 있는 식물을 먹기 위해 길어진 것으로 추정된다. 등에 있는 톱니 모양의 골판이 작았기 때문에 다른 검룡류 공룡보다 몸이 가볍고 빠른 편이다.

머리를 방어하는 긴 목 무기
17개의 목뼈로 이루어진 긴 목은 적이 머리를 공격해 올 때 든든한 방어 무기로 사용된다. 기다란 목을 지탱하기 위해 어깨뼈가 매우 발달하였다.

A조 예선 ①라운드-① 방어력 대결

드디어 '최강 공룡왕 토너먼트'가 시작되었다. A조 예선 ❶라운드 첫 번째 배틀은 스테고사우루스와 미라가이아의 대결이다. 출전하는 공룡 모두 꼬리에 난 날카로운 가시가 공격 무기다. 서로의 등에 달린 갑옷 같은 골판을 꼬리 가시로 먼저 뚫는 파이터가 승리하게 될 것이다. 배틀 무대인 초원에 배틀 시작을 알리는 신호가 울리자, 파이터들이 천천히 모습을 드러낸다.

START!

1 붉게 타오르는 골판!
미라가이아가 적을 향해 맹렬히 다가가더니 꼬리 공격을 퍼붓는다. 예상치 못한 공격에 화가 난 스테고사우루스는 골판을 붉게 물들이며 접근을 시도한다.

꼬리 골침을 사납게 휘두르다!

2 갑자기 바뀐 대결의 흐름!
미라가이아는 접근해 오는 스테고사우루스의 목을 향해 꼬리를 날려 명중시킨다. 하지만 목을 보호하는 작은 뼈들 덕에 스테고사우루스는 상처를 입지 않는다. 적의 일격에 분노한 스테고사우루스가 상대를 향해 돌진한다.

공룡왕 토너먼트

3 분노의 대반격!
스테고사우루스가 강렬한 몸통 박치기 공격을 가하자, 멀리 나가떨어진 미라가이아의 긴 목이 부러지고 만다.

중량급 태클 공격이 승패를 가르다!

POWER UP!

공격 포인트! 몸통 박치기
검룡류 최고의 무게를 이용한 몸통 박치기로 작고 가벼운 적을 날려 버리는 위력을 과시했다.

배틀 초반, 미라가이아가 선제 공격을 퍼부으며 배틀을 이끌었다. 하지만 스테고사우루스는 상대방의 전략에 당하지 않고 무시무시한 몸통 박치기 한 방으로 승리를 거두었다.

WINNER 스테고사우루스

A조 예선 **1** 라운드-**2** 단체 대결

데이노니쿠스

지능이 높고 난폭한 파이터

길이 **3.3m**
무게 **60kg**

Deinonychus

분류	용반목 > 수각류
식성	육식
생존 시기	트라이아스기 / 쥐라기 / **백악기**

화석

크기 비교

수각류(두 발로 걷고 대부분 육식인 공룡)의 공룡으로 작은 몸집에 비해 뇌의 크기가 커서 머리가 좋았을 것으로 추정된다. 무리를 지어 사냥하기 때문에 몸집이 큰 공룡도 사냥할 수 있다. 몸이 가볍고 뒷다리가 길고 튼튼해서 시속 40km 정도로 달릴 수 있다. 피부는 조류와 비슷한 깃털로 덮여 있다.

갈고리 모양 발톱 〈무기〉

뒷다리 두 번째 발가락의 발톱은 길이가 약 13cm나 된다. 이 발톱을 적의 몸속 깊이 찔러 넣어 치명상을 입힌 뒤, 숨이 끊어지면 발톱으로 살을 갈기갈기 찢어 버린다.

공룡왕 토너먼트

마푸사우루스
거칠고 사나운 포식자

- 길이 **11.5m**
- 무게 **5t**

Mapusaurus

분류	용반목 > 수각류
식성	육식
생존 시기	트라이아스기 / 쥐라기 / 백악기

화석 / 크기 비교

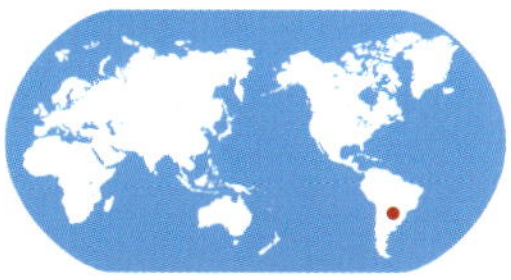

마푸사우루스도 무리를 지어 생활을 했던 공룡으로 알려져 있다. 마푸사우루스의 새끼부터 완전히 성장한 개체까지, 다양한 크기의 화석이 한 장소에서 발굴되었기 때문이다. 몸의 길이가 티라노사우루스와 비슷한데 반해 몸이 가벼운 편이어서 움직임이 가볍고 매우 빠르다.

무기 - 날카로운 송곳니

가늘고 긴 송곳니는 매우 날카로워 사냥감이나 다른 동물의 몸에 큰 상처를 낼 수 있다. 송곳니로 적을 공격해 많은 양의 피를 흘리게 한 후 숨통이 끊어지게 한다.

A조 예선 ① 라운드 - ② 단체 대결

예선 ①라운드 두 번째 배틀은 데이노니쿠스 네 마리와 마푸사우루스 네 마리가 대결하는 단체전으로, 매우 치열한 싸움이 예상된다. 마푸사우루스의 체격이 데이노니쿠스보다 세 배 이상 크다. 하지만 마푸사우루스 중 한 마리는 이제 막 사냥을 나가기 시작한 어린 공룡이기 때문에 마푸사우루스 무리가 유리하다고만 볼 수는 없다. 나무들이 무성한 숲을 배경으로 두 무리의 싸움은 어떻게 전개될 것인가?

START!

1 기습 공격 작전!
데이노니쿠스 무리는 체격 면에서 불리하기 때문에 정면 공격은 어렵다고 판단하고, 흩어져 나무에 몸을 숨긴다. 지능이 높은 데이노니쿠스는 나무에 숨어 있다가 기습 공격을 시도하여 승부를 내려는 계획이다.

2 최초의 어린 희생자 발생!
적들의 모습이 보이지 않자 초조해진 마푸사우루스! 배틀 무대를 벗어나 적을 찾기 시작한다. 바로 그때, 데이노니쿠스 무리가 혼자 있는 어린 마푸사우루스를 공격해 목숨을 빼앗는다.

공룡왕 토너먼트

공격 포인트!
적의 약점을 노린 두뇌 플레이

데이노니쿠스 무리가 펼친 기습 공격이 상대 무리를 혼란에 빠지게 하면서 데이노니쿠스 무리를 승리로 이끌었다.

3 함정에 빠진 마푸사우루스!
마푸사우루스 무리는 적의 기습 공격과 어린 공룡의 죽음에 정신을 차리지 못한다. 겨우 정신을 차리고 데이노니쿠스 한 마리를 잡아 쓰러뜨리지만, 무성한 나무들 때문에 민첩하게 움직이지 못하고 그대로 전멸하고 만다.

POWER UP!

WINNER: 데이노니쿠스

공룡 무리들이 뒤섞인 난투극이 예상되었지만, 지능에서 우월한 데이노니쿠스 무리의 작전이 성공하면서 마푸사우루스 무리가 단숨에 무너지고 말았다.

적의 기습 공격에 정신을 놓다!

스테고케라스

A조 예선 **1**라운드-**3** 박치기 대결

작고 재빠른 박치기 공룡

Stegoceras

길이 **2.2m**
무게 **70kg**

분류	조반목 > 후두류
식성	초식
생존 시기	트라이아스기 / 쥐라기 / 백악기

화석

크기 비교

'박치기 공룡'이라 불리는 후두류(머리뼈가 단단한 공룡)의 공룡 중에서 소형에 속한다. 머리뼈는 반원 모양으로 위로 솟아 있으며, 번식기가 되면 암컷을 차지하기 위해 수컷들이 박치기로 우열을 정한다. 사나운 육식 공룡의 공격을 막아 낼 때도 박치기 공격을 이용해 자신을 보호한다.

헬멧처럼 단단한 머리 — 무기

두껍고 단단한 머리뼈가 가장 큰 무기다. 머리뼈는 강한 충격에도 견딜 수 있으며, 머리뼈의 가장 두꺼운 부분은 7cm 이상이나 된다. 수컷의 머리뼈가 더 크고 단단하다.

공룡왕 토너먼트 〔청〕

파키케팔로사우루스

머리로 적을 격파하는 공룡

길이 4.5m
무게 450kg

Pachycephalosaurus

분류	조반목 > 후두류
식성	초식
생존 시기	트라이아스기 / 쥐라기 / 백악기

화석

크기 비교

파키케팔로사우루스는 박치기 공룡 중에서 가장 몸집이 큰 공룡이다. 단단하고 강한 머리로 박치기 대결을 펼쳐 무리 안에서 서열을 정했을 것으로 추정된다. 적을 만났을 때도 박치기로 공격하는데, 특히 적의 옆구리 같은 부드러운 부위를 공격해 쓰러뜨린다. 잡식으로 보는 과학자도 있다.

돌처럼 단단한 머리 〔무기〕

머리뼈가 굉장히 단단하며, 가장 두꺼운 부분은 25cm나 된다. 머리 주변에는 여러 개의 돌기가 나 있어 마치 왕관을 쓴 왕과 같은 모습이다. 수컷의 머리뼈가 더 두껍다.

A조 예선 ①라운드 - ③ 박치기 대결

예선 ①라운드 세 번째 배틀이 펼쳐질 가파른 절벽 위에 스테고케라스와 파키케팔로사우루스가 등장한다. 머리뼈가 발달한 박치기 공룡 두 마리가 주고받는 박치기의 위력은 누구도 상상할 수 없을 것이다. 최고의 박치기 공룡을 결정짓는 '박치기 대결'이 시작된다.

박치기 공격으로 적을 제압하다!

1 빠른 스피드로 돌진!
작고 날쌘 스테고케라스가 파키케팔로사우루스의 다리를 향해 돌진하더니 박치기 공격을 퍼붓는다. 파키케팔로사우루스는 계속되는 박치기 공격에 반격을 하지 못한다.

2 결정타를 노리는 스테고케라스!
계속되는 박치기 공격에 파키케팔로사우루스가 비틀거리기 시작한다. 그러자 스테고케라스는 자신의 승리를 확신하고 강력한 박치기 한방으로 승부를 가를 준비를 한다.

A조 예선 1 라운드 - 4 포식자 대결

알로사우루스

쥐라기 시대의 1인자

Allosaurus

길이 **8.5m**
무게 **3t**

분 류	용반목 > 수각류
식 성	육식
생존 시기	트라이아스기 / 쥐라기 / 백악기

화 석

크기 비교

알로사우루스는 쥐라기 시대의 최강 포식자로 알려져 있다. 강인한 다리를 가진 뛰어난 사냥꾼으로, 혼자 사냥했다는 설과 무리 지어 대형 먹잇감을 사냥했다는 설이 있다. 입에는 칼날 같은 이빨이 위아래로 줄지어 나 있으며, 이빨은 적의 살을 찢을 수 있을 정도로 매우 날카롭다.

무기

파워와 스피드

몸집이 큰 육식 공룡으로, 파워와 스피드를 모두 갖추었다. 몸집이 크지만 가늘고 가벼워서 시속 약 30km로 달리는 것이 가능했을 것으로 추정된다.

공룡왕 토너먼트

카르노타우루스
무적의 남반구 귀신

길이 7.5m
무게 2t

Carnotaurus

분류	용반목 > 수각류
식성	육식
생존 시기	트라이아스기 / 쥐라기 / 백악기

화석

크기 비교

카르노타우루스는 백악기 시대의 대형 포식자로 알려져 있다. 얼굴이 짧고 눈 위에는 도깨비 뿔 같은 두 개의 뿔이 나 있다. 카르노타우루스의 피부로 보이는 화석을 통해 머리, 등, 꼬리 부분에 뾰족한 혹 모양의 돌기가 있었을 것으로 추정된다. 튼튼한 뒷다리로 빠르게 달리며 무리 지어 사냥한다.

뿔과 튼튼한 다리 — 무기
머리에 달려 있는 두 개의 뿔은 적을 향해 박치기 공격을 가할 때 유용한 무기로 이용된다. 뒷다리가 매우 발달해서 시속 50km 이상으로 빠르게 달릴 수 있다.

A조 예선 ①라운드 - 4 포식자 대결

예선 ①라운드 네 번째 배틀은 쥐라기 시대의 최강 포식자와 백악기 시대의 대형 포식자의 대결이다. 배틀 무대로 준비된 넓은 초원은 몸을 숨길 만한 곳이 없기 때문에 정면 대결을 펼치기에 좋은 장소이다. 두 마리 모두 적을 제압하는 큰 체격과 뿔이라는 무기를 가진 만큼 멋진 정면 대결을 보여 줄 것으로 예상된다. 이번 배틀에서 공룡계 최강 포식자의 주인공이 탄생할 것이다.

두 파이터 모두 피를 흘리다!

START!

1 뿔 박치기 공격!
서로를 향해 천천히 다가가는 공룡들! '최강 포식자는 나야!'라고 소리를 지르듯 거친 소리를 내며 서로의 뿔을 부딪친다. 뿔 공격을 주고받던 사이 카르노타우루스의 뿔에 상처를 입은 알로사우루스의 얼굴에서 피가 흐르기 시작한다.

2 몸통을 뚫은 발톱 공격!
카르노타우루스는 피를 흘리는 알로사우루스에게 계속해서 뿔 공격을 퍼붓는다. 두 공룡이 뒤엉켜 싸우기 시작한다. 그때, 알로사우루스가 긴 앞다리로 상대를 움켜쥐자 발톱이 적의 몸통을 뚫고 깊이 파고든다.

공룡왕 토너먼트

3 짓누르기로 가른 승부!

카르노타우루스가 있는 힘을 다해 맞서 보려 하지만 앞다리가 짧아 대응이 쉽지 않다. 알로사우루스는 상대를 땅바닥에 눕혀 짓누르며 목을 물어뜯는다.

POWER UP!

공격 포인트! 적을 항복시킨 짓누르기

알로사우루스는 긴 앞다리로 적을 제압해 큰 몸으로 짓눌러 버렸다.

쥐라기 사냥꾼의 초강력 기술!

공룡들의 몸통 박치기와 물어뜯기가 오가는 격렬한 싸움 끝에 알로사우루스가 승리했다. 긴 앞다리를 이용한 기술을 선보이며 쥐라기 최고의 사냥꾼임을 증명한 알로사우루스에게 큰 박수를 보낸다.

WINNER 알로사우루스

A조 예선 1라운드 - 5 꼬리 곤봉 대결

사이카니아
가시로 뒤덮인 전차

길이 5m
무게 2t

Saichania

분류	조반목 > 곡룡류
식성	초식
생존 시기	트라이아스기 / 쥐라기 / 백악기

화석

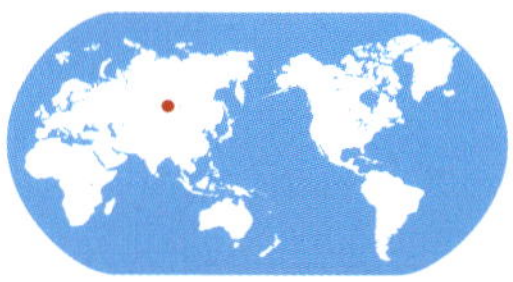

크기 비교

'갑옷 공룡'이라고 불리는 곡룡류(머리에서 꼬리까지 단단한 골판으로 된 공룡)의 공룡이다. 사이카니아는 갑옷 공룡 중에서 대형 공룡에 속한다. 꼬리 끝에 뼈 뭉치로 된 곤봉(방망이) 모양의 무거운 혹을 지닌 것이 가장 큰 특징이다. 적이 나타나면 가시가 나 있는 꼬리를 휘둘러 자신의 몸을 보호한다.

갑옷 같은 피부 **무기**

가시가 솟아 있는 것처럼 생긴 단단한 피부는 갑옷 역할을 하는 최고의 무기다. 갑옷 같은 피부가 온몸을 덮고 있기 때문에 빈틈없이 몸을 방어할 수 있다.

공룡왕 토너먼트

안킬로사우루스

공격과 수비에 뛰어난 갑옷

길이 7m
무게 6t

Ankylosaurus

분류	조반목 > 곡룡류
식성	초식
생존 시기	트라이아스기 / 쥐라기 / 백악기

화석

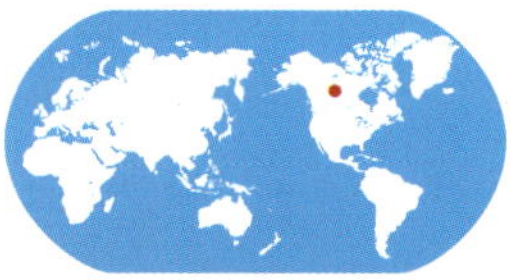

크기 비교

안킬로사우루스는 갑옷 공룡 중 가장 몸집이 크다. 온몸을 덮고 있는 골판은 매우 단단해 적으로부터 몸을 보호할 수 있고, 유연함까지 갖춰 단단한 피부에도 불구하고 움직임이 수월하다. 꼬리 끝에는 크고 강한 혹이 있는데, 혹 부분에 있던 일곱 개의 뼈가 합쳐져 곤봉처럼 변형된 것으로 추정된다.

무기
강력한 꼬리 곤봉
꼬리 끝에 달려 있는 크고 단단한 혹(뼈 뭉치)이 최고의 공격 무기다. 꼬리를 세차게 흔들어 적의 다리를 공격하면 혹에 맞은 다리가 부러지는 경우도 있다.

A조 예선 ①라운드 - ⑤ 꼬리 곤봉 대결

이번 배틀은 평소에는 공격성을 보이지 않는 초식 공룡들의 대결이다. 모두 단단한 갑옷 같은 피부를 두르고 있어 방어력으로는 막상막하일 것이다. 또한 두 공룡 모두 강력한 꼬리 곤봉을 갖고 있는데, 이 곤봉을 이용한 공격을 성공하는 파이터가 승리하게 될 것이다. 격렬한 꼬리 휘두르기 대결이 예상되기 때문에 배틀 무대는 사방이 넓게 트인 황야로 마련되었다.

1 꼬리 곤봉으로 공격!
무대에 등장한 공룡들이 서로를 노려보기 시작한다. 사이카니아가 서서히 다가가더니 안킬로사우루스의 뒷다리에 꼬리 곤봉을 날린다.

2 반격에 나선 안킬로사우루스!
곤봉 공격을 당한 안킬로사우루스가 비명을 지르며 반격에 나선다. 꼬리 곤봉으로 적의 옆구리에 일격을 가하는 안킬로사우루스! 하지만 옆구리도 가시 갑옷이 덮여 있는 사이카니아는 꿈쩍을 하지 않는다.

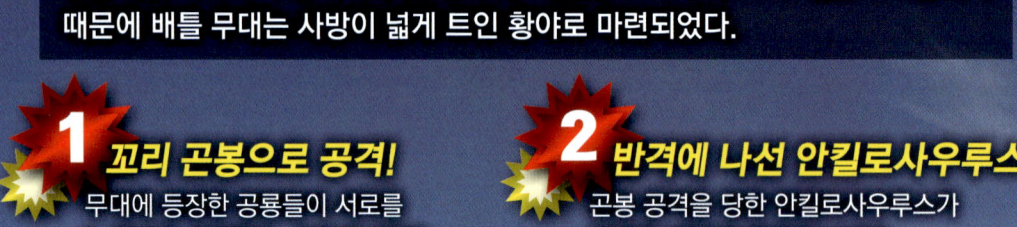

갑옷 공룡들의 철벽 방어!
예측 불가한 대결이 펼쳐진다!

공룡왕 토너먼트

POWER UP!

3 다리뼈도 부러뜨리는 파괴력!
적의 반격에도 불구하고 전투 의욕을 잃지 않는 사이카니아가 다시 한 번 꼬리 곤봉으로 공격을 가한다. 안킬로사우루스는 거듭되는 공격에 뒷다리가 부러져 결국에는 다시 일어설 수 없게 된다.

공격 포인트! 가시로 무장한 갑옷

사이카니아는 옆구리도 가시 갑옷으로 덮여 있어, 갑옷 공룡의 강력한 꼬리 곤봉 공격에도 끄떡없다.

초식 공룡들의 싸움이었지만, 적극적으로 서로에게 공격을 가하는 격렬한 배틀이었다. 몸통의 옆 부분까지 갑옷이 감싸고 있는가, 그렇지 않은가 하는 작은 차이가 승패를 가르는 중요한 요소가 되었다.

WINNER 사이카니아

전투 의욕을 상실하다! 치명상을 입고

A조 예선 **1** 라운드 - **6** 머리 뿔 대결

트리케라톱스

강자도 물리치는 세 개의 뿔

길이 8m
무게 10t

Triceratops

분류	조반목 > 각룡류
식성	초식
생존 시기	트라이아스기 / 쥐라기 / 백악기

화석

크기 비교

트리케라톱스는 공룡 시대 후기에 생존했던 대형 공룡으로, 많은 화석이 발견되고 있다. 각룡류(머리에 뿔이 난 공룡)의 공룡으로 머리뼈에 크고 단단한 뿔이 달려 있고, 목의 근육이 발달하여 강력한 찌르기 공격이 가능하다. 세 개의 뿔은 육식 공룡과 싸우거나 무리 내에서 수컷끼리 힘겨루기를 할 때 쓰인다.

무기

세 개의 뿔

머리에 난 세 개의 뿔은 최대 1m나 되며 몸의 성장과 함께 자라난다. 세 개의 뿔은 육식 공룡도 함부로 덤비지 못할 만큼 강력한 공격 무기로 사용된다.

공룡왕 토너먼트

파키리노사우루스
혹이 있는 최강 전사

길이 **6m**
무게 **3t**

Pachyrhinosaurus

분류	조반목 > 각룡류
식성	초식
생존 시기	트라이아스기 / 쥐라기 / 백악기

화석

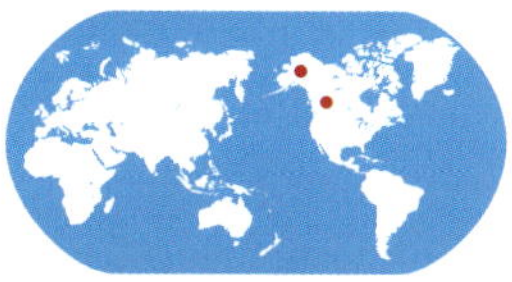

크기 비교

파키리노사우루스는 각룡류의 공룡이지만 눈 사이와 코 위에 뿔이 없다. 뿔 대신 단단하고 커다란 뼈 뭉치가 튀어나와 있으며, 이 뼈 뭉치는 머리를 보호하는 방어 무기와 박치기 공격 무기로 사용된다. 대규모 무리의 화석이 발견된 것으로 보아 집단생활을 했을 것으로 추정된다.

무기
단단한 뼈 뭉치
눈 사이와 코 위에 튀어나와 있는 단단한 뼈 뭉치는 머리뼈의 일부가 두꺼워져 생긴 혹으로 추정된다. 뼈 뭉치는 서열을 가릴 때나 적과 싸울 때 최고의 무기로 사용된다.

A조 예선 1 라운드 - 6 머리 뿔 대결

예선 ❶라운드 여섯 번째 배틀에 출전하는 파이터는 트리케라톱스와 파키리노사우루스다. 트리케라톱스와 파키리노사우루스가 각자의 무기인 뿔과 혹을 이용해 어떤 공격과 방어를 보여 줄지 기대된다. 배틀 무기로는 혹보다 뿔이 더 유리해 보이지만, 단단한 뼈 뭉치인 파키리노사우루스의 혹은 머리를 보호하고 박치기에 더 유리하기 때문에 배틀 결과는 누구도 예상할 수 없다.

1 조용하고 위협적인 시작!
트리케라톱스가 뿔을 흔들며 파키리노사우루스를 향해 전진하기 시작한다. 위협적인 트리케라톱스의 모습에 파키리노사우루스는 쉽게 다가가지 못하고 공격할 기회만 엿보고 있다.

2 뿔과 혹의 대결!
먼저 공격을 시작한 쪽은 트리케라톱스! 적을 향해 돌진하더니 뿔로 들이받아 버린다. 파키리노사우루스가 혹으로 뿔을 막자, 트리케라톱스의 뿔이 부러져 공중으로 날아간다. 트리케라톱스는 다시 뿔 공격을 퍼붓는다.

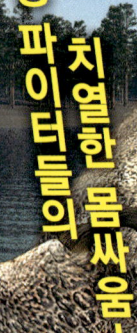

막강 파이터들의 치열한 몸싸움!

공룡왕 토너먼트

**공격 포인트!
강력한 밀어붙이기**

끝나지 않을 것만 같았던 뿔과 혹의 대결이 트리케라톱스의 밀어붙이기 한 방으로 끝이 났다.

3 육중한 몸집으로 제압!
부러진 뿔과 혹이 부딪치며 격렬한 몸싸움이 계속된다. 몸무게가 3배 이상 더 나가는 트리케라톱스가 상대를 호숫가로 몰아붙이자 파키리노사우루스는 끝내 호수에 빠져 죽고 만다.

POWER UP!

트리케라톱스는 크고 무거운 몸집 덕분에 파키리노사우루스와의 대결에서 승리하였다. 파키리노사우루스는 격렬한 싸움 끝에 호수에 빠져 익사하고 말았다.

WINNER 트리케라톱스

무거운 몸집으로 상대를 물리치다!

A조 예선 **1**라운드-**7** 일본 대표 대결

단바티타니스

일본 최대급 거대 공룡

길이 **14m**
무게 **4t**

Tambatitanis

분류	용반목 > 용각류
식성	초식
생존시기	트라이아스기 쥐라기 백악기

화석

크기 비교

단바티타니스는 용각류(네 발로 걸으며 몸집이 거대한 동물)의 공룡이다. 일본 효고현의 단바시에서 발견된 티타노사우루스과 공룡으로, 과거 일본에 서식했던 공룡 중 최대급이다. 화석이 발견된 곳의 지명 '단바'와 그리스 신화에 나오는 거인의 이름 '티탄'을 합쳐 단바티타니스라는 이름이 붙여졌다.

무기

긴 꼬리와 큰 체구

전체 몸길이의 약 3분의 1이나 되는 긴 꼬리와 크고 무거운 몸집이 최고의 무기다. 어마어마한 크기의 육식 공룡도 쉽게 덤비지 못할 정도로 강력한 무기다.

공룡왕 토너먼트

후쿠이랍토르
일본 대표 육식 공룡

길이 **5m**
무게 **300kg**

Fukuiraptor

분류	용반목 > 수각류
식성	육식
생존 시기	트라이아스기 쥐라기 백악기

화석

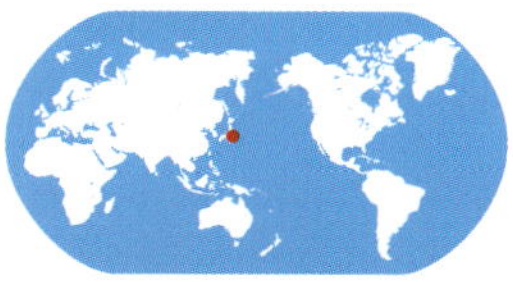

크기 비교

후쿠이랍토르는 백악기 시대 아시아 대륙에서 살던 육식 공룡이다. 화석이 일본 후쿠이현에서 발견되어 후쿠이랍토르라는 이름이 붙여졌다고 한다. 발견된 화석은 몸길이가 5m 정도 되는 덜 자란 공룡이지만, 다 자란 공룡은 더 크고 날카로운 갈고리발톱과 긴 뒷다리를 가졌을 것으로 추정된다.

무기
커다란 엄지발톱
앞발에 갈고리발톱이 나 있다. 그중 첫째 발톱의 크기는 10cm나 되며, 매우 날카롭고 단단해 적을 만나면 이 발톱을 이용해 적을 공격하고 자신도 보호한다.

A조 예선 ① 라운드 - 7 일본 대표 대결

A조 예선 ①라운드의 마지막 배틀은 일본 공룡들의 대결이다. 일본의 거대 공룡인 단바티타니스와 큰 갈고리발톱이 무기인 후쿠이랍토르가 출전해 일본 공룡의 최강자를 결정한다. 배틀 무대인 습지가 파이터들에게 불리하게 작용할지, 유리하게 작용할지는 알 수 없다. 일본 대표 공룡들의 치열한 싸움이 시작된다.

START!

적의 빈틈을 노려 과감하게 돌진하다!

1. 선제 공격을 위한 접근!
체격에서 우세한 단바티타니스가 선제 공격을 위해 상대에게 접근한다. 다가오는 단바티타니스의 당당한 기세에 눌린 후쿠이랍토르는 천천히 뒷걸음질을 친다.

2. 갈고리발톱의 역습!
뒷걸음질을 치던 후쿠이랍토르는 적의 움직임이 이상해짐을 느끼고 멈춰 선다. 단바티타니스의 뒷다리가 진흙에 빠져 옴짝달싹 못하게 된 것이다. 후쿠이랍토르는 과감하게 달려들어 날카로운 발톱으로 적의 몸통을 공격한다!

공룡왕 토너먼트

공격 포인트! 육중한 짓밟기

300kg의 후쿠이랍토르가 4t이나 되는 단바티타니스를 이기기에는 너무 힘든 싸움이었다.

POWER UP!

3 단바티타니스의 필살 공격!

단바티타니스는 머리를 강렬하게 휘저어 몸에 붙은 후쿠이랍토르를 떼어 낸다. 그리고 땅에 떨어진 후쿠이랍토르를 자신의 무게를 실어 힘껏 짓밟아 버린다. 거대한 초식 공룡의 공격에 육식 공룡은 죽음을 맞게 된다.

WINNER 단바티타니스

잔인한 육식 공룡이 승리할 것이라는 예상과는 달리 초식 공룡이 크고 무거운 몸집을 이용해 승리하였다. 실제 자연에서도 이와 같은 일이 적지 않게 일어났을 것이다.

공룡 상식

공룡은 어떤 동물일까?

인류가 나타나기 이전의 지구에 살았던 공룡은 도마뱀이나 악어 같은 파충류처럼 온몸이 비늘로 덮여 있었지만 몸의 구조가 달랐다. 공룡의 종류와 공룡이 살았던 시대, 공룡의 계통도 등 공룡에 관한 기초 지식을 소개한다.

공룡과 파충류의 차이점

공룡과 도마뱀이나 악어 같은 파충류는 몸통과 다리의 연결 구조에서 큰 차이가 있다. 공룡은 다리가 몸통 바로 밑에 달려 있고, 파충류는 다리가 옆쪽으로 나 있어 무릎이 90도 가까이 굽어 있다.

공룡이 살았던 시대

고생대	중생대	신생대
5억 4,100만 년 전 ~ 2억 5,200만 년 전	2억 5,200만 년 전 ~ 6,600만 년 전	6,600만 년 전 ~ 현대

트라이아스기	2억 100만 년 전	쥐라기	1억 4,500만 년 전	백악기
판게아, 플라테오사우루스, 코엘로피시스 등의 공룡 서식		아파토사우루스, 시조새, 스테고사우루스 등의 공룡 서식		안킬로사우루스, 티라노사우루스, 니폰노사우루스 등의 공룡 서식

공룡 계통도

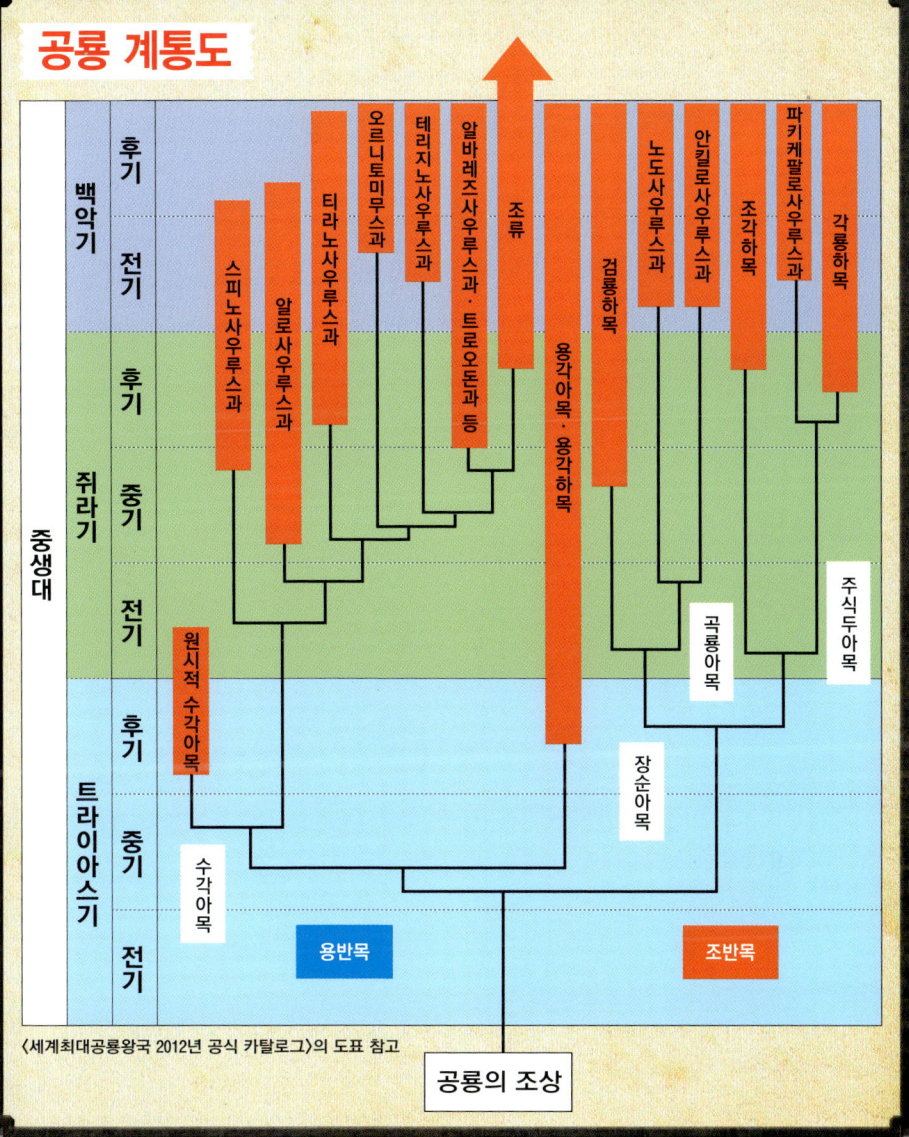

〈세계최대공룡왕국 2012년 공식 카탈로그〉의 도표 참고

🔍 공룡의 종류

공룡은 엉덩이뼈(골반)의 모양에 따라 크게 2종류로 나뉜다. 새와 유사한 골반을 가진 공룡을 '조반목', 도마뱀과 유사한 골반을 가진 공룡을 '용반목'이라고 한다. 조반목의 공룡은 모두 초식 공룡이며 이 공룡들은 모두 멸종되었다. 용반목은 현대의 조류를 포함하므로 현존하고 있다.

공룡 호기심
공룡의 지능 비교

인류가 나타나기 전에 지구를 지배했던 공룡! 과연 공룡들은 얼마나 똑똑했을까? 악어의 지능 지수를 1로 보았을 때를 기준으로 공룡의 지능 지수를 나타냈다.

1위
지능 지수 5.8
트로오돈
수각류

동물은 몸무게에 비해 뇌가 클수록 지능이 뛰어난 경향이 있다. 트로오돈을 포함한 드로마에오사우루스과의 공룡들은 뇌의 크기가 크며 공룡 가운데 가장 똑똑하다고 알려져 있다.

2위
지능 지수 0.7~0.9
트리케라톱스
각룡류

트리케라톱스와 같은 각룡류는 악어에 비해 지능 지수가 조금 낮은 편이다. 각룡류의 공룡에는 센트로사우루스, 펜타케라톱스, 파키리노사우루스, 디아블로케라톱스 등이 있다.

3위
지능 지수 0.4
안킬로사우루스
곡룡류

안킬로사우루스와 같은 곡룡류는 지능 지수가 0.4로 악어의 절반 수준에도 미치지 못한다. 참고로 아파토사우루스와 같은 용각류는 지능 지수가 0.2로 공룡 가운데 가장 낮다.

최강 공룡왕 배틀

B조 예선 1 라운드

B조

아르젠티노사우루스	VS	기가노토사우루스
티란노티탄	VS	카르카로돈토사우루스
테리지노사우루스	VS	데이노케이루스
이구아노돈	VS	파라사우롤로푸스
프테라노돈	VS	케찰코아틀루스
트로오돈	VS	벨로키랍토르
오르니토미무스	VS	미크로랍토르

 B조 예선 **1** 라운드-**1** 거대 공룡 대결

아르젠티노사우루스

가장 거대한 공룡

길이 36m
무게 50t

Argentinosaurus

분류	용반목 > 용각류
식성	초식
생존 시기	트라이아스기 / 쥐라기 / 백악기

 화석

 크기 비교

아르젠티노사우루스는 몸길이와 몸무게 모두 세계 최고의 공룡으로 꼽힌다. 무거운 몸을 지탱하기 위해 등뼈를 이어 주는 관절이 발달했으며, 큰 몸을 네 다리로 지탱해 걸어 다녔다. 걷는 속도는 시속 7~8km로 느린 편이지만 몸이 커서 육식 공룡에게 습격당하는 일이 거의 없다.

거대한 몸 〔무기〕

성장이 가장 왕성한 시기에는 몸무게가 하루에 40kg이나 증가할 정도로 많은 양의 식사를 했다. 작은 공룡에게는 발자국마저 구덩이로 느껴질 정도로 거대하다.

공룡왕 토너먼트

기가노토사우루스
남아메리카의 지배자

길이 **13m**
무게 **7t**

Giganotosaurus

분류	용반목 > 수각류
식성	육식
생존 시기	트라이아스기 / 쥐라기 / 백악기

화석

크기 비교

기가노토사우루스는 백악기 시대에 살았던 육식 공룡 중에서 가장 몸집이 큰 공룡이다. 같은 시대에 살았던 거대 공룡 아르젠티노사우루스의 최대 천적이었다. 머리가 매우 크고 무거우며, 큰 주둥이에는 날카로운 이빨이 가지런히 나 있다. 무리 지어 사냥을 하고 후각과 시각이 예민했을 것으로 추정된다.

무기
강력한 이빨과 턱
길고 날카로운 이빨과 힘센 턱이 최고의 무기다. 칼처럼 날카로운 이빨은 먹잇감을 찢고 자르는 기능을 한다. 턱의 힘도 무척 강해 먹잇감의 뼈를 단번에 으깰 수 있다.

49

B조 예선 1라운드 - 1 거대 공룡 대결

START!

1 적의 빈틈을 노린 공격!
배틀 무대에 등장한 공룡들이 서로를 노려보고만 있다. 지루해진 아르젠티노사우루스가 긴 꼬리를 휘둘러 선제 공격을 시작한다. 하지만 기가노토사우루스는 꼬리 공격을 피하고 적의 아랫배를 물어뜯는다.

2 반격으로 인한 꼬리 부상!
계속해서 아랫배를 물어뜯는 기가노토사우루스의 공격에 폭발한 아르젠티노사우루스! 크고 무거운 앞다리로 적의 꼬리를 밟아 짓이겨 버린다.

B조 예선 1라운드의 첫 번째 배틀은 거대 공룡들의 대결이다. 역사상 가장 큰 용각류인 아르젠티노사우루스와 남아메리카의 최대 수각류 기가노토사우루스가 출전한다. 이번 배틀은 백악기에 실제로 있었던 거대 공룡들의 결투를 재현했다는 점에서 매우 의미 있는 대결이다. 배틀 무대인 초원도 두 공룡의 화석이 잠들어 있는 아르헨티나의 '팜파스'라는 초원 지대를 재현해 보았다.

공룡왕 토너먼트

POWER UP!

3 필살의 물어뜯기!
기가노토사우루스는 꼬리뼈가 부러지는 통증을 참으며 적을 물어뜯는 데 집중한다. 몇 번을 더 물어뜯은 끝에 치명상을 입히는 데 성공! 아르젠티노사우루스는 비명을 지르며 최후를 맞는다.

치명상을 입고 죽음을 맞이하다!

공격 포인트! 끈질긴 물어뜯기

끈질긴 물어뜯기 공격에 거대 공룡인 아르젠티노사우루스가 처참히 당하고 말았다.

기가노토사우루스가 공룡 중에서 가장 큰 아르젠티노사우루스를 쓰러뜨린 흥미진진한 대결이었다. 멋진 공격 기술을 선보이며 승리를 거머쥔 승자에게 큰 박수를 보낸다.

WINNER 기가노토사우루스

 B조 예선 1 라운드-2 육식 공룡 대결

티란노티탄
공포의 거대 수각류

Tyrannotitan

길이 **13m**
무게 **7t**

분류	용반목 > 수각류
식성	육식

생존 시기: 트라이아스기 / 쥐라기 / 백악기

화석

크기 비교

티란노티탄은 백악기 전기에 살던 수각류 공룡이다. 백악기 후기에 살던 기가노토사우루스와 매우 가까운 종으로 알려져 있으며, 몸길이도 기가노토사우루스와 비슷하다. 육식 공룡 중에서 몸집이 큰 공룡에 속하며, 먹잇감의 살을 뜯기에 좋은 날카로운 이빨을 가지고 있다.

무기: 날카로운 이빨
가늘고 예리한 이빨은 날카로운 칼처럼 살을 찢을 수 있다. 이빨은 사냥을 할 때나 다른 동물과 싸움을 할 때 강력한 공격과 방어 무기로 사용된다.

공룡왕 토너먼트 / 청

길이 12m
무게 6t

남아프리카의 최강자

카르카로돈토사우루스
Carcharodontosaurus

분류	용반목 > 수각류
식성	육식
생존 시기	트라이아스기 / 쥐라기 / 백악기

화석

크기 비교

카르카로돈토사우루스는 아프리카에서 몸집이 큰 육식 공룡에 속한다. 근육이 잘 발달하고 뼈가 단단해서 최고 시속 30km를 달릴 수 있다. 뛰어난 달리기 실력으로 재빠른 사냥감도 놓치지 않는다. 자신보다 큰 동물을 습격하여 피를 많이 흘리게 해 죽이는 사냥 방법을 사용하기도 했다.

무기

날카로운 이빨
상어 이빨과 같은 얇고 날카로운 이빨을 가지고 있어 '날카로운 이빨 공룡'이라는 이름이 붙기도 했다. 톱니 모양의 긴 이빨이 많으며, 가장 큰 이빨은 20cm나 된다고 한다.

B조 예선 １라운드 - ２ 육식 공룡 대결

START!

잔인한 혈투의 최후 승자는?

두 번째 배틀을 위해 티란노티탄과 카르카로돈토사우루스가 거친 들판에서 대기하고 있다. 모두 엄청난 파괴력을 지닌 이빨이 최대 무기다. 이 육식 공룡들의 대결은 승자를 가르기 위한 대결만이 아닌 육식 공룡들의 포식을 위한 대결이기도 하다. 이제부터 육식 공룡들의 목숨을 건 치열한 배틀이 시작된다.

１ 시작과 함께 맹렬히 공격!
순식간에 서로의 코앞까지 달려든 공룡들은 서로를 물어뜯기 시작한다. 눈앞에 있는 것은 배틀 상대가 아닌 먹잇감에 지나지 않는다는 듯이 격렬하게 서로를 공격한 결과, 모두 피투성이가 되고 만다.

２ 육식 공룡들의 치열한 대혈투!
격렬한 싸움 끝에 등의 살점이 떨어져 나간 티란노티탄이 카르카로돈토사우루스의 앞다리를 물어뜯기 시작한다. 거대 공룡들의 혈투는 끝이 날 것 같지 않은데…….

공룡왕 토너먼트

공격 포인트!
피를 흘리게 하는 포악한 전략

상대를 과다 출혈로 죽이는 카르카로돈토사우루스의 공격 전략이 성공했다.

3 먹잇감이 된 패자!
먼저 쓰러진 쪽은 피를 많이 흘린 티란노티탄! 분노로 가득 찬 티란노티탄이 발버둥을 쳐 보지만 카르카로돈토사우루스는 이를 무시한 채 패자를 먹어 치우기 시작한다.

POWER UP!

혈투에서 밀리자 몸부림을 치다!

이번 배틀에서 승패를 가른 요인은 공격 부위였다. 상대방 등의 살점을 물어뜯어 많은 양의 피를 흘리게 한 카르카로돈토사우루스의 전략이 승리를 이끈 것이다.

WINNER 카르카로돈토사우루스

B조 예선 ①라운드-③ 방어력 대결

테리지노사우루스

아시아의 기괴한 갈고리발톱

길이 10m
무게 5t

Therizinosaurus

분류 용반목 > 수각류
식성 초식
생존 시기 트라이아스기 쥐라기 백악기

화석

크기 비교

아시아의 몽골에서 발견된 용반목 수각류의 공룡이다. 테리지노사우루스의 턱은 부리와 같은 형태를 띠고 있다. 공룡들 가운데 앞다리가 매우 긴 편이며, 앞발에 크고 긴 발톱이 나 있는 것이 가장 큰 특징이다. 테리지노사우루스가 잡식을 했다고 보는 의견도 있다.

무기
대형 갈고리발톱
약 3.5m 길이의 앞발에 70cm 이상의 긴 발톱이 나 있다. 날카로운 발톱은 최고의 방어 무기이며, 땅파기부터 나뭇잎 긁어 모으기까지 용도가 매우 다양하다.

공룡왕 토너먼트

데이노케이루스
날카로운 발톱을 지닌 검투사

길이 **11m**
무게 **5t**

Deinocheirus

분류	용반목 > 수각류
식성	잡식
생존 시기	트라이아스기 / 쥐라기 / 백악기

화석

크기 비교

용반목 수각류의 오르니토미무스과 공룡 중에서 가장 큰 공룡이다. 테리지노사우루스처럼 앞다리가 긴 편이며 긴 발톱도 가지고 있다. 날카로운 발톱으로 적을 위협하기 때문에 사나운 육식 공룡도 쉽게 접근하지 못한다. 잡식 공룡으로 분류되지만 주로 초식을 했을 것으로 추정된다.

무기
날카로운 발톱
약 2.5m 길이의 앞발에 25cm의 발톱이 나 있다. 날카로운 발톱은 최고의 무기이며, 나무껍질을 벗기거나 적과 싸울 때 공격과 방어를 위한 무기로 사용된다.

B조 예선 ① 라운드 - ③ 방어력 대결

세 번째 배틀은 긴 앞다리와 날카로운 발톱을 자랑하는 공룡들의 대결이다. 낫 모양의 예리한 발톱을 지닌 테리지노사우루스와 강철 같은 단단한 발톱을 지닌 데이노케이루스가 출전한다. 이번 배틀에서는 발톱을 휘두르는 기술이 승부를 가르게 될 것이다. 날카로운 발톱을 휘두르며 등장한 파이터들의 대결, 그 결과가 곧 밝혀진다.

발톱으로 싸우는 검투사 공룡들!

START! 1 갈고리발톱 공격!
테리지노사우루스가 앞다리를 높이 들어 올리더니 긴 발톱으로 데이노케이루스를 내리친다. 그와 동시에 데이노케이루스도 상대를 아래에서 위로 그어 버린다.

2 거대 발톱의 난투극!
날카로운 발톱을 휘두르며 공룡들의 격렬한 싸움이 계속된다. 어느새 공룡들의 몸통은 피투성이가 되고 만다. 마치 잔인한 칼싸움을 하고 있는 전사들처럼 보이기도 한다.

공룡왕 토너먼트

POWER UP!

3 도망치는 데이노케이루스!

계속된 싸움에 조금씩 지쳐 갈 무렵, 두 공룡이 동시에 발을 뻗어 공격을 시도한다. 앞다리가 더 길어 유리한 테리지노사우루스가 데이노케이루스에게 깊은 상처를 입힌다. 결국 데이노케이루스는 큰 상처를 입고 도망가 버린다.

공격 포인트! 발톱으로 베기

테리지노사우루스의 필살기인 발톱 공격은 사나운 육식 공룡도 두려워하는 기술이다.

각자 자신의 무기를 잘 활용해 맹렬히 싸운 멋진 배틀이었다. 앞다리 길이에 영향을 받지 않는 가까운 거리였다면 데이노케이루스에게도 승리의 기회가 주어졌을 것이다.

WINNER: 테리지노사우루스

홍 | B조 예선 1 라운드 - 4 초식 공룡 대결

이구아노돈
날카로운 엄지발톱

Iguanodon

길이 **8m**
무게 **3.2t**

분 류	조반목 > 조각류
식 성	초식
생존 시기	트라이아스기 / 쥐라기 / 백악기

화 석

크기 비교

이구아노돈은 공룡 가운데 두 번째로 이름이 붙여졌을 정도로, 공룡학자들이 아주 오래전부터 연구해 온 공룡이다. 무리 지어 생활하는 초식 공룡으로, 턱을 좌우로 움직여 질긴 잎을 짓이겨 먹는다. 완전히 성장한 이구아노돈은 네 발로 걸어 다니지만 어린 이구아노돈은 두 발로 걸어 다닌다.

무기

뾰족한 엄지발톱
앞발 엄지발가락에 뾰족한 발톱이 나 있다. 날카로운 발톱을 이용해 공격해 오는 적으로부터 자신을 보호하거나 나뭇잎을 따 먹기도 했다고 한다.

공룡왕 토너먼트 〔청〕

파라사우롤로푸스
위협적인 소리를 내는 볏

길이 7.5m
무게 2.6t

Parasaurolophus

분류	조반목 > 조각류
식성	초식
생존 시기	트라이아스기 / 쥐라기 / 백악기

화석

크기 비교

파라사우롤로푸스의 가장 큰 특징은 코에서 머리 뒤쪽으로 2m 정도의 긴 볏이 있다는 것이다. 이 볏은 콧구멍까지 이어져 있고, 속이 비어 있기 때문에 코에 공기를 채운 뒤 텅 빈 볏을 통해 큰 소리를 낼 수 있다. 이빨은 가윗날처럼 예리한 부분과 평평한 부분이 있고, 나뭇잎을 씹거나 짓이겨 먹는다.

멋진 볏 〔무기〕
머리 위로 길게 나 있는 볏은 적을 위협하는 최고의 무기다. 이 볏은 암컷이나 다른 수컷에게 자신의 멋진 모습을 과시하기 위한 용도로도 사용된다.

B조 예선 1 라운드 - 4 초식 공룡 대결

뾰족한 발톱으로 사납게 공격하다!

START!

1 엄지발톱으로 선제 공격!
이구아노돈이 갑자기 두 발로 서더니 파라사우롤로푸스의 등을 앞발로 내리친다. 이구아노돈의 뾰족한 엄지발톱이 파라사우롤로푸스의 등 깊숙이 파고든다.

2 굉음을 내며 위협!
등을 공격당한 파라사우롤로푸스는 볏으로 굵고 낮은 큰 소리를 내며 위협을 시도한다. 파라사우롤로푸스가 내는 굉음(요란하게 울리는 소리)에 놀란 이구아노돈의 몸이 굳어 버린다.

네 번째 배틀은 초식 공룡들의 대결이다. 평소에는 온순한 편인 초식 공룡들도 적에게 습격을 당했을 때는 얌전히 당하고만 있지는 않을 것이다. 이들이 위기의 순간에 어떤 실력을 발휘하여 공격과 방어를 하는지 이번 배틀에서 확인해 보자. 이구아노돈의 뾰족한 엄지발톱과 파라사우롤로푸스의 길쭉한 볏의 대결……! 과연 그 결과는 어떻게 될까?

공룡왕 토너먼트

3 빈틈을 노린 역습의 성공!

이구아노돈이 잠시 주춤하는 사이, 파라사우롤로푸스가 몸통 박치기를 시도한다. 떠밀려 넘어진 이구아노돈이 다시 일어나려고 발버둥을 쳐 보지만 다리가 부러지는 바람에 전투 의욕을 잃고 쓰러진다.

몸통 박치기로 적을 물리치다!

공격 포인트!
굉음으로 제압하기

파라사우롤로푸스가 내는 굉음을 가까이에서 들으면 강력한 공룡도 깜짝 놀라 주춤하게 된다.

체격 면에서 우세한 이구아노돈이 선제 공격에 성공했지만 엄청난 굉음으로 상대를 제압한 파라사우롤로푸스가 승리했다. 초식 공룡도 위기에 처하면 육식 공룡 못지 않는 공격력을 보여 준다는 것을 알려 주었다.

WINNER 파라사우롤로푸스

B조 예선 1 라운드 - 5 익룡 대결

프테라노돈
백악기 시대 거대 익룡

Pteranodon

- 날개 길이 **6m**
- 무게 **?**

분류	익룡류
식성	육식(물고기)
생존 시기	트라이아스기 / 쥐라기 / **백악기**

화석

크기 비교

프테라노돈은 백악기 후기의 대형 익룡(하늘을 나는 파충류)으로, 머리 뒤쪽에 길게 솟은 볏이 달려 있다. 커다란 날개를 쭉 펴고 바람을 이용해 날아다니고, 육지에서 100km 떨어진 높이까지 날 수 있다. 몸에는 오늘날의 바닷새처럼 흰색의 털이 나 있었을 것으로 추정된다.

무기 – 길게 솟은 볏

머리에 길게 솟은 볏은 하늘을 날 때 몸의 균형을 잡거나 방향을 조절하는 키 역할을 한다. 수컷은 커다란 볏을 내세우며 암컷을 유혹하는 데 사용하기도 한다.

공룡왕 토너먼트 | 청

케찰코아틀루스
역사상 가장 큰 익룡

날개 길이 **10m**
무게 **260kg**

Quetzalcoatlus

분류	익룡류
식성	육식(작은 동물, 물고기)
생존 시기	트라이아스기 / 쥐라기 / 백악기

화석

크기 비교

케찰코아틀루스는 지금까지 발견된 익룡 가운데 가장 크다고 알려져 있다. 긴 목과 거대한 머리가 큰 특징이며, 날개를 쭉 펼친 길이는 경비행기(작고 가벼운 비행기) 길이 정도인 10m나 된다. 하늘에서는 커다란 날개를 쭉 편 채 바람을 타고 날아다니고 육지에서는 네 발로 걸어 다닌다.

창 모양의 부리
무기

길고 뾰족한 창처럼 생긴 부리가 최고의 무기다. 부리 안에는 이빨이 없지만 물고기를 사냥하거나 땅에 있는 작은 동물을 잡아먹는 데에는 유용하게 사용된다.

B조 예선 1 라운드 - 5 익룡 대결

다섯 번째 배틀은 공룡 시대에 하늘을 지배했던 익룡들의 대결이다. 뛰어난 비행 실력을 자랑하며 높은 하늘까지 날아오르는 프테라노돈과 경비행기 길이의 케찰코아틀루스가 출전한다. 긴 부리, 날카로운 발톱, 강한 날개를 모두 동원하는 이 공중전은 하늘 챔피언들의 대결이 될 것이다. 배틀 시작을 알리는 신호와 함께 두 마리의 익룡이 큰 날개를 쭉 펴고 하늘로 날아올랐다.

START!

1 부리로 기습 공격!
공중에서 서로를 발견한 두 익룡! 프테라노돈이 먼저 높이 날아오르더니, 그대로 급하강하면서 부리로 케찰코아틀루스의 등을 내리찍는다.

2 날개로 내리치기 역습!
갑작스러운 공격에 균형을 잃은 케찰코아틀루스가 아래로 떨어지기 시작한다. 그 뒤를 쫓는 프테라노돈! 하지만 오히려 케찰코아틀루스의 거대한 날개에 맞고 바다로 추락하고 만다

거대한 날개로 추락시키다!

공룡왕 토너먼트

위기에 놓인 백악기 익룡!

**공격 포인트!
대형 날개로 강타**

케찰코아틀루스의 날개 공격 한 방에 프테라노돈이 균형을 잃고 바다로 추락했다.

POWER UP!

3 프테라노돈의 최후!
프테라노돈이 바다에 빠져 발버둥 치자 바닷가에서 입맛을 다시며 지켜보던 공룡들이 모여들기 시작한다. 결국 프테라노돈은 공룡들의 먹잇감이 되고 만다.

WINNER 케찰코아틀루스

배틀 초반, 싸움의 주도권을 빼앗겼던 케찰코아틀루스가 역습에 성공하고 승리를 거머쥐었다. 공룡들의 난입이 아니었어도 커다란 날개에 맞은 프테라노돈은 패했을 것이다.

 B조 예선 **1**라운드-**6** 지능 대결

트오돈
백악기 시대의 두뇌 왕

Troodon

길이 **2.5m**
무게 **35kg**

분 류	용반목 > 수각류
식 성	잡식
생존 시기	트라이아스기 쥐라기 백악기

화 석

크기 비교

트로오돈은 공룡 중에서 뇌의 무게가 몸무게에 비해 가장 무거워, '가장 똑똑한 공룡'으로 알려져 있다. 시력이 좋은 편이며, 사냥감을 발견하면 튼튼한 뒷다리로 재빨리 다가가 큰 갈고리발톱이 달린 뒷다리로 공격한다. 나뭇잎, 씨앗, 곤충 등의 다양한 먹이를 먹었다고 전해진다.

뛰어난 지능
무기

지능이 매우 뛰어나기 때문에 사냥을 하거나 적과 싸움을 할 때 등 모든 활동에서 다른 공룡들보다 유리했을 것으로 추정한다. 뒷다리에 있는 큰 갈고리발톱도 좋은 무기다.

공룡왕 토너먼트

벨로키랍토르
위협적으로 공격하는 사냥꾼

- 길이 2.5m
- 무게 25kg

Velociraptor

분류	용반목 > 수각류
식성	육식
생존 시기	트라이아스기 / 쥐라기 / 백악기

화석

크기 비교

벨로키랍토르는 키가 50cm~70cm 정도 되는 소형 육식 공룡에 속한다. 몸집은 작지만 높은 지능과 뛰어난 운동 능력, 날카로운 이빨과 갈고리발톱 등을 지닌 매우 사나운 공룡이다. 머리는 길쭉하고 입은 새의 부리처럼 넓적하며, 다리의 힘이 강해 행동이 매우 재빠르다.

날카로운 갈고리발톱 무기

뒷다리에 있는 뾰족한 갈고리발톱은 적에게 치명상을 입힐 수 있는 강력한 무기다. 적이나 사냥감을 발견하면 펄쩍 뛰어올라 갈고리발톱으로 찍어 버린다.

B조 예선 1 라운드 - 6 지능 대결

지능이 높은 공룡으로 알려져 있는 두 공룡이 배틀을 위해 준비하고 있다. 높은 지능뿐만 아니라 두 마리 모두 강력한 갈고리발톱을 무기로 사용하기 때문에 막상막하의 대결이 될 것이다. 같은 무기, 같은 특기를 가진 공룡들이 벌이는 배틀에서는 무엇이 승부를 결정짓게 될까? 지능이 높은 공룡들인 만큼 난폭한 육탄 대결보다는 고도의 두뇌 대결이 되기를 바란다.

START!

1. 탐색전을 펼치는 두 파이터!

트로오돈과 벨로키랍토르가 거리를 두고 서로를 탐색한다. 상대를 노려보기만 할 뿐 아무도 움직이지 않는다. 공룡들의 갈고리발톱이 땅에 닿는 소리만이 조용한 숲속에 울려 퍼진다.

긴장감이 흐르는 대치 상황!

2. 어둠 속에서 시작되는 돌격!

서로를 노려보기만 하는 긴장감 넘치는 상황이 3시간이나 계속되었다. 해가 지고 숲속이 어두워지자 야행성인 벨로키랍토르가 갈고리발톱을 휘두르며 상대에게 달려든다.

공룡왕 토너먼트

3 최초의 움직임 간파!
어둠 속에서도 적의 움직임을 알아챈 트로오돈이 적의 공격을 재빨리 피한다. 그리고 벨로키랍토르에게 달려들어 갈고리발톱을 꽂아 숨통을 끊어 버린다.

칠흑 같은 어둠 속 대결의 승자는?

공격 포인트! 갈고리발톱으로 내리꽂기

어둠 속에서도 적의 움직임을 알아챈 트로오돈은 갈고리발톱 공격 한 방으로 벨로키랍토르를 쓰러뜨렸다.

똑똑한 공룡들답게 섣불리 공격을 시도하기보다는 상대를 탐색하며 공격할 기회를 노렸다. 승리는 자신에게 유리한 때를 기다리다 공격에 성공한 트로오돈에게로 돌아갔다.

WINNER 트로오돈

B조 예선 1 라운드 - 7 스피드 대결

오르니토미무스

빠른 스피드의 육상 레이서

길이 3.5m
무게 350kg

Ornithomimus

분류	용반목 > 수각류
식성	잡식
생존 시기	트라이아스기 / 쥐라기 / 백악기

화석

크기 비교

긴 목과 유연한 다리 등 몸의 구조가 타조와 비슷하게 생겼다. 다리가 매우 튼튼해 공룡 중에서 가장 빨리 달렸을 것으로 추정된다. 날개가 있었다고 추정되지만, 날기 위해서가 아닌 수컷이 암컷에게 잘 보이기 위한 도구였을 것이다. 이빨이 없고 입이 부리 모양이어서 초식 공룡이라는 설도 있다.

튼튼한 다리 무기

현대의 동물인 타조와 생김새뿐 아니라 달리기 실력도 비슷하다. 다리가 충격을 흡수하는 구조로 되어 있기 때문에 고속으로 달리는 것이 가능하다.

공룡왕 토너먼트

길이 **70cm**
무게 **0.6kg**

두 날개를 가진 공중 레이서

미크로랍토르

Microraptor

분류	용반목 > 수각류
식성	육식
생존 시기	트라이아스기 / 쥐라기 / 백악기

화석

크기 비교

지금까지 발견된 공룡 중에서 몸집이 가장 작은 공룡이다. 뒷다리에도 날개가 발달해 총 두 쌍의 날개를 가지고 있다. 새와 같이 날개를 쭉 편 채 바람을 타고 활공하듯이 날아다녔을 것으로 추정된다. 뻣뻣한 깃털이 앞다리와 뒷다리, 꼬리까지 나 있으며, 발에는 뾰족한 갈고리발톱이 나 있다.

비행 능력 — 무기

숲을 활공하는 비행 능력이 가장 큰 무기다. 몸집은 작지만 작은 도둑으로 불릴 정도로 행동이 민첩하여 약자가 강자에게 잡아먹히는 약육강식 시대에서도 살아남을 수 있었다.

B조 예선 1 라운드 - 7 스피드 대결

오르니토미무스와 미크로랍토르의 배틀은 스피드 대결이라고 할 수 있다. 엄청난 스피드를 자랑하며 타조 공룡으로 불리는 오르니토미무스와 두 쌍의 날개로 땅과 나무 위를 자유롭게 오가는 미크로랍토르가 맞서 싸운다. 체격 면에서는 매우 큰 차이를 보이지만, 각자의 무기를 잘 살려 대결한다면 흥미로운 배틀이 될 것이다.

START!

1 적에게 조용히 접근!
오르니토미무스는 두리번거리며 배틀 상대를 찾고 있다. 그때, 미크로랍토르가 소리 없이 날아오르더니 갈고리발톱으로 적의 한쪽 눈을 찍어 버린다.

방심한 틈을 노려 공격을 시도하다!

2 재빠르게 기습 돌진!
오르니토미무스는 눈에 상처를 입고 몸부림을 치며 괴로워한다. 미크로랍토르는 재빨리 나무 위로 올라간 두 번째 기습을 준비한다. 그리고 오르니토미무스를 향해 다시 돌진하는데…….

공룡왕 토너먼트

POWER UP!

3 필살 공격에 뒤바뀐 전세!

나무 사이로 재빠르게 몸을 숨겨 공격을 피한 오르니토미무스! 서둘러 나무에 오르려는 미크로랍토르를 쫓아가 다리에 온힘을 실어 발차기를 날린다. 승리의 여신은 오르니토미무스의 손을 들어 주었다.

공격 포인트! 위협적인 발차기

오르니토미무스의 강력한 발차기 한 방에 미크로랍토르가 나가떨어지고 말았다.

배틀 초반, 오르니토미무스가 방심한 틈을 노려 공격에 성공한 미크로랍토르! 하지만 오르니토미무스는 미크로랍토르의 두 번째 공격을 피하고 승리의 일격을 가했다.

WINNER 오르니토미무스

공룡 호기심

공룡의 무게 비교

《최강왕 공룡 배틀》에 등장하는 공룡들을 용각류, 각룡류, 수각류 무리로 나누어 각각의 몸무게왕을 선발해 보았다.
각 무리에서 선발된 공룡들을 몸무게 순서로 소개한다.

1 50t 아르젠티노사우루스
용각류

아르젠티노사우루스의 몸무게는 최대 몸무게가 6t이나 나가는 아프리카코끼리 수컷 여덟 마리의 무게를 합친 것과 비슷하다. 사나운 육식 공룡들도 함부로 공격하지 못했다.

2 10t 트리케라톱스
각룡류

트리케라톱스는 백악기 후기의 공룡으로 거대한 뿔과 프릴이 큰 특징인 각룡류의 공룡이다. 아프리카코끼리보다 훨씬 무겁고 머리에 난 뿔은 1m까지 자란다고 한다.

3 5t 마푸사우루스
수각류

마푸사우루스는 몸길이가 티라노사우루스와 거의 비슷한 거대한 육식 공룡이다. 몸집은 거대하지만 몸이 갸름하게 생겨서 비슷한 몸길이의 공룡들에 비해 몸무게가 적게 나가는 편이다.

A조 예선 2 라운드 - 1

티라노사우루스

사납게 물어뜯는 백악기 왕

Tyrannosaurus

길이 **12m**
무게 **6t**

분류	용반목 > 수각류
식성	육식
생존 시기	트라이아스기 / 쥐라기 / 백악기

화 석

크기 비교

티라노사우루스는 지구 역사상 가장 성질이 사나운 대형 육식 공룡이다. 가장 큰 특징은 1.5m나 되는 거대한 머리뼈이며, 목이 굵기 때문에 큰 머리를 잘 받치고 있을 수 있다. 이빨이 크고 단단해서 사냥감이나 적을 한번 물면 절대로 놓지 않으며, 뒷다리가 매우 굵고 튼튼하다.

무기
모든 것을 부수는 턱

흔히 턱 힘이라고 말하는 치악력(이로 무는 힘)이 매우 강하다. 쥐라기 시대 최고의 턱 힘을 자랑하는 알로사우루스의 6배나 된다. 먹이를 뼈째 씹어 먹은 것으로 추정된다.

공룡왕 토너먼트 | 청

스테고사우루스
공포의 붉은 골판

길이 6.5m
무게 3.5t

Stegosaurus

분류	조반목 > 검룡류
식성	초식
생존 시기	트라이아스기 / 쥐라기 / 백악기

화석

크기 비교

스테고사우루스는 예선 ❶라운드 첫 번째 배틀에서 미라가이아를 꺾고 ❷라운드에 진출했다.
❶라운드에서 미라가이아의 꼬리 가시 공격을 막아낸 스테고사우루스는 강력한 몸통 박치기로 반격에 성공해 승리를 거머쥐었다. 미라가이아는 목이 부러지는 중상을 입고 말았다.

미라가이아와의 배틀 장면 18p

A조 예선 2 라운드-1

예선 1 라운드에서 승리해 사기가 오른 스테고사우루스 앞에 부전승(경기를 치르지 않고 이김)으로 2 라운드에 진출한 티라노사우루스가 등장한다. 티라노사우루스는 1 라운드에서 경기를 치르지 않고 올라온 파이터이기 때문에 어떤 위력을 갖고 있는지 알려지지 않았다. 배틀 무대는 사방이 트인 들판으로 숨거나 도망칠 수 있는 곳이 없다. 두 파이터 모두 정면 승부를 각오해야 할 것이다.

1 위협적인 선제 공격!

스테고사우루스가 골판을 붉게 물들이며 티라노사우루스를 위협한다. 하지만 티라노사우루스는 신경 쓰지 않고 스테고사우루스를 향해 천천히 다가간다. 초조해진 스테고사우루스가 과감히 선제 공격에 나선다.

붉은 골판으로 적을 위협하다!

2 티라노사우루스, 돌진!

스테고사우루스의 공격에도 꿈쩍하지 않는 티라노사우루스! 거침없이 돌진해 스테고사우루스의 등을 물어뜯자, 등에서 새빨간 피가 뿜어져 나온다.

공룡왕 토너먼트

3 숨통을 끊는 두 번째 공격!

티라노사우루스가 이번에는 스테고사우루스의 머리를 물어뜯는다. 꼼짝없이 두 번째 공격을 당한 스테고사우루스는 목뼈와 머리뼈가 으깨지면서 목숨을 잃고 만다.

POWER UP!

공격 포인트! 강력한 턱 공격

티라노사우루스가 강력한 턱으로 스테고사우루스의 목숨을 빼앗았다.

강력한 힘과 난폭함을 지닌 티라노사우루스에게 이번 배틀은 평범한 '사냥'에 지나지 않았다. 강자를 상대로 열심히 싸워 준 스테고사우루스에게 격려의 박수를 보낸다.

WINNER 티라노사우루스

| 홍 | 데이노니쿠스 | ★★★★★★★ | A조 예선 2 라운드-2 |

두 번째 배틀은 무리를 지어 출전한 데이노니쿠스와 박치기 공격이 특기인 파키케팔로사우루스의 한판 승부다. 강력한 돌진력과 박치기 기술을 지닌 파키케팔로사우루스가 유리해 보이지만, 무리를 지어 자신보다 큰 동물도 사냥하는 데이노니쿠스도 만만치 않은 상대다. 4대 1의 흥미진진한 대결이 지금 시작된다.

1 돌진하여 박치기 공격!

배틀 시작과 동시에 파키케팔로사우루스가 데이노니쿠스 한 마리를 향해 돌진하더니 박치기로 날려 버린다. 무리를 지어 공격해 오기 전에 서둘러 선제 공격을 시도한 것이다.

START!

2 상대 무리를 무너뜨리는 전술!

데이노니쿠스들이 공격을 받고 당황한 틈을 타 파키케팔로사우루스가 박치기 공격을 가해 한 마리를 더 날려 버린다. 배틀이 시작되자마자 데이노니쿠스 무리의 진영이 무너지고 만다.

공룡왕 토너먼트 ★★★★★★ 파키케팔로사우루스

3 집단 물어뜯기 반격!
계속된 공격에 분노한 데이노니쿠스 두 마리가 적을 향해 돌진하더니 맹렬히 물어뜯기 시작한다. 나가떨어졌던 두 마리까지 합세해 물어뜯기 공격을 계속하자 파키케팔로사우루스는 결국 쓰러지고 만다.

POWER UP!

공격 포인트! 무적의 협동 작전
네 마리가 힘을 모아 강력한 박치기 공룡을 무너뜨렸다.

배틀 초반, 데이노니쿠스 무리는 상대의 기습 공격을 받고 주춤했다. 하지만 다시 힘을 모아 파키케팔로사우루스의 박치기 공격을 방어하고 반격에 성공했다.

WINNER 데이노니쿠스

알로사우루스　　A조 예선 2 라운드-3

세 번째 배틀은 뛰어난 스피드를 자랑하는 알로사우루스와 날카로운 가시 갑옷을 입은 사이카니아의 대결이다. 두 공룡 모두 막상막하의 배틀 실력을 갖추고 있기 때문에 배틀 결과를 예측하기 어렵다. 알로사우루스가 칼날 같은 이빨로 상대의 몸을 뚫을지, 사이카니아가 단단한 꼬리 곤봉으로 상대를 날려 버릴지……. 과연 이번 배틀의 승자는 누가 될 것인가?

START!

1 꼬리 곤봉 공격 시도!
사이카니아가 무거운 꼬리를 휘둘러 알로사우루스의 다리를 내리친다. 위협 정도의 공격이었지만 알로사우루스의 다리에는 상처가 난다.

2 단단한 피부로 방어!
알로사우루스는 꼬리 공격을 받아 내면서 사이카니아를 향해 다가간다. 마침내 거리를 좁힌 알로사우루스가 사이카니아의 목을 향해 이빨을 내리꽂지만 딱딱한 피부를 뚫지 못한다.

초강력 무기를 휘두르다!

공룡왕 토너먼트　　　　　　사이카니아

POWER UP!

3 멈추지 않는 꼬리 공격!

알로사우루스는 사이카니아의 피부를 뚫기 위해 몇 번을 더 공격해 보지만 단단한 피부는 쉽게 뚫리지 않는다. 그리고 사이카니아의 꼬리 공격이 멈추지 않자 다리의 상처가 심해져 싸움을 포기하고 만다.

끈질긴 공격에 치명상을 입다!

공격 포인트! 꼬리 휘두르기

사이카니아는 꼬리 공격을 계속해 결국에는 알로사우루스의 다리에 깊은 상처를 입혔다.

사이카니아가 단단한 갑옷으로 알로사우루스의 공격을 방어하는 데 성공했다. 알로사우루스는 자신의 공격이 통하지 않는 강한 적을 만나 안타깝게 대결을 포기하고 말았다.

WINNER 사이카니아

홍 트리케라톱스 ★★★★★ A조 예선 2 라운드-4

❷라운드 배틀을 위해 트리케라톱스와 단바티타니스가 등장한다. 트리케라톱스와 단바티타니스는 거대한 뿔과 긴 꼬리를 지닌 공격력이 매우 강한 공룡들이다. 특히 단바티타니스의 채찍 같은 긴 꼬리는 사나운 육식 공룡도 두려워하는 무기다. 파이터들 모두 방어보다는 공격 면에서 더욱 우세한 공룡들이기 때문에 이번 배틀은 선제 공격에 성공하는 쪽이 유리할 것이다.

START!

1 적을 향해 돌격!
선제 공격을 준비하는 단바티타니스! 꼬리 공격을 하기 위해 상대를 등지며 돌아선다. 그 순간 트리케라톱스가 뿔로 상대를 조준하더니 돌격한다.

선제 공격으로 기선을 제압하다!

2 날카로운 뿔 공격!
단바티타니스의 꼬리 공격보다 한발 앞서 트리케라톱스의 뿔이 단바티타니스 뒷다리에 깊이 파고 든다. 큰 부상을 입은 단바티타니스는 울부짖으며 비틀거린다.

★ 공룡왕 토너먼트 ★★★★★★★★★★ 단바티타니스

POWER UP!

3 무시무시한 뿔 공격!
트리케라톱스는 비틀거리는 단바티타니스를 향해 두 번째 공격을 시도한다. 이번에는 두 개의 뿔이 단바티타니스의 몸통을 뚫는다. 단바티타니스는 그대로 쓰러져 일어나지 못한다.

공격 포인트! 단단한 뿔로 적의 몸통 뚫기

트리케라톱스의 긴 뿔 공격은 단바티타니스의 내장까지 파고들어 치명상을 입혔다.

뿔 공격에 맥없이 쓰러지다!

단바티타니스가 꼬리 공격을 위해 몸을 돌렸을 때, 그 틈을 놓치지 않고 돌진한 트리케라톱스가 승리했다. 배틀 중에는 적에게 절대로 등을 보이면 안 된다는 것을 보여 준 대결이었다.

WINNER 트리케라톱스

기가노토사우루스 ★★★ B조 예선 ❷ 라운드-❶

B조의 예선 ❷라운드 첫 번째 배틀은 최대 육식 공룡의 결정전이 되었다. 몸길이가 13m인 기가노토사우루스와 몸길이가 12m인 카르카로돈토사우루스, 두 공룡 모두 적의 살을 갈기갈기 찢을 수 있는 날카로운 이빨이 최고 무기다. 순간의 방심에 목숨을 잃을 수도 있다. 과연 어느 쪽이 최대 육식 공룡의 영광을 차지하게 될 것인가? 나머지 한쪽은 무참하게 목숨을 잃게 될 것이다.

START!

육식 파이터들의 막상막하 대결!

1 몸통 박치기 감행!
몸집이 비슷한 상대를 보고 경계하며 탐색하는 공룡들! 공격할 순간을 기다리던 카르카로돈토사우루스가 먼저 공격을 시도한다.

2 격렬한 몸싸움 돌입!
공격을 받고 몸이 뒤로 젖혀진 기가노토사우루스가 재빨리 상대에게 몸을 밀착시켜 몸을 물어뜯지 못하게 방어한다. 격렬한 몸싸움이 시작되는데……

공룡왕 토너먼트 — 카르카로돈토사우루스

POWER UP!

3 목덜미 집중 공격!
기가노토사우루스가 육중한 몸을 이용해 상대를 밀어붙인다. 그리고 균형을 잃고 비틀거리는 적의 목을 거칠게 물어뜯는다. 카르카로돈토사우루스는 얼굴과 몸이 분리되어 죽고 만다.

공격 포인트! 약점 공략하기
기가노토사우루스의 날카로운 이빨이 적의 목덜미를 물어뜯어 근육과 힘줄을 단숨에 잘라 버렸다.

체격과 무기가 비슷한 경우 아주 작은 차이가 승패를 가른다. 기가노토사우루스는 1t 정도의 몸무게 차이로 상대를 밀어붙이는 데 성공해 배틀에서 승리할 수 있었다.

WINNER 기가노토사우루스

테리지노사우루스

B조 예선 2 라운드-2

대형 초식 공룡들이 대결을 준비하고 있다. 몸길이 10m의 테리지노사우루스와 몸길이 7.5m의 파라사우롤로푸스! 두 공룡 모두 초식 공룡이지만 특기는 매우 다르다. 테리지노사우루스는 크고 날카로운 발톱 공격이 주특기이며, 파라사우롤로푸스는 긴 볏으로 굉음을 내어 적을 위협하는 것이 주특기다. 이번 배틀에서는 초식 공룡들이 각자의 특기를 살린 흥미로운 대결이 펼쳐질 것이다.

발톱의 위력을 보여 주다!

START!

1 발톱 할퀴기로 선공!
배틀의 시작을 기다렸다는 듯이 테리지노사우루스가 사나운 기세로 파라사우롤로푸스에게 다가가 발톱을 휘두른다. 그 기세에 놀란 파라사우롤로푸스는 뒷걸음을 친다.

2 공포의 굉음 발사!
파라사우롤로푸스가 자신의 특기인 굉음 공격을 시도한다. 하지만 테리지노사우루스의 귀가 높은 위치에 있어 고막에 손상을 입히지 못한다. 테리지노사우루스는 상대의 목덜미를 발로 강타해 반격을 가한다.

공룡왕 토너먼트 ★★★★★★★ 파라사우롤로푸스

3 필살의 최후 공격!
상대의 공격을 받고 코에 부상을 입은 파라사우롤로푸스는 더 이상 굉음 공격을 할 수 없게 된다. 긴 발톱을 흔들며 돌진해 오는 테리지노사우루스 앞에 공격 무기를 잃은 파라사우롤로푸스는 결국 도망치고 만다.

POWER UP!

공격 포인트! 발톱으로 베기
테리지노사우루스의 길고 날카로운 발톱이 파라사우롤로푸스의 공격 무기를 파괴했다.

배틀에서 공격 무기를 잃고도 도망가지 않으면 목숨마저 잃게 된다. 파라사우롤로푸스는 비록 대결에서 패했지만 재빨리 도망가 목숨만은 지킬 수 있었다.

WINNER 테리지노사우루스

 케찰코아틀루스　　★★★★★　　B조 예선 ②라운드-③

세 번째 배틀은 하늘을 나는 익룡 케찰코아틀루스와 가장 똑똑한 공룡으로 알려진 트로오돈의 대결이다. 체격도 크고 비행 능력도 갖춘 케찰코아틀루스가 훨씬 유리해 보인다. 하지만 지능이 뛰어난 트로오돈이 익룡을 상대로 어떤 공격 기술과 방어 기술을 선보일지 모르기 때문에 배틀 결과는 두고 봐야 할 것이다. 익룡과 소형 수각류의 흥미진진한 대결이 시작된다.

1 공중 습격 작전!
케찰코아틀루스가 조용히 나타나 트로오돈의 머리 위를 빙빙 돈다. 이를 눈치채지 못한 트로오돈의 등 뒤로 케찰코아틀루스가 낙하하여 발톱으로 등을 공격한다.

2 지능적인 반격 작전!
케찰코아틀루스의 기습 공격으로 등에 상처를 입은 트로오돈! 적의 공격 수법을 간파한 트로오돈은 적이 접근할 수 없는 바위 그늘에 몸을 숨긴 채 절호의 기회를 기다린다.

공룡왕 토너먼트  트로오돈

3 대형 익룡의 최후!

날이 어두워지고 바람이 잦아들자 케찰코아틀루스의 비행 능력이 떨어지기 시작한다. 체력이 떨어진 케찰코아틀루스가 땅 위로 내려앉는 순간, 트로오돈이 달려들어 발톱 공격을 퍼붓는다. 케찰코아틀루스는 온몸의 뼈가 부러져 쓰러지고 만다.

발톱 공격에 나가떨어지다!

공격 포인트! 지구전의 승리

오랫동안 시간을 끌어 가며 싸우는 트로오돈의 지구전이 승리했다.

배틀 초반에는 케찰코아틀루스가 기선을 제압했다. 하지만 케찰코아틀루스의 전략을 간파하고 지구전에 돌입하여 대결의 흐름을 바꾼 트로오돈이 승리했다.

WINNER: 트로오돈

B조 예선 2 라운드-4

오르니토미무스
빠른 스피드의 육상 레이서

길이 **3.5m**
무게 **350kg**

Ornithomimus

분류	용반목 > 수각류
식성	잡식
생존 시기	트라이아스기 / 쥐라기 / 백악기

화석

크기 비교

오르니토미무스는 예선 ❶라운드 일곱 번째 배틀에서 미크로랍토르를 꺾고 ❷라운드에 진출했다. ❶라운드에서 선제 공격을 받고 눈에 부상을 입은 오르니토미무스는 미크로랍토르의 두 번째 공격을 간신히 피하고, 적을 향해 강력한 발차기 한 방을 날리고 승리했다.

미크로랍토르와의 배틀 장면 74p

공룡왕 토너먼트

스피노사우루스

하천에 숨은 수중 제왕

길이 **15m**
무게 **11t**

Spinosaurus

분류	용반목 > 수각류
식성	육식(물고기)
생존 시기	트라이아스기 / 쥐라기 / 백악기

화석

크기 비교

거대한 몸 무기

스피노사우루스는 역사상 가장 큰 육식 공룡이다. 머리는 가늘고 길어 마치 악어와 같이 생겼고, 턱에는 원뿔 모양의 이빨이 나 있다. 등에 있는 척추 돌기가 위로 솟아올라 생긴 부채살 모양의 돛이 가장 큰 특징이다. 북아프리카 지역의 물가에 살면서 주로 물고기를 잡아먹었다.

수각류 중 가장 큰 체격이 공격과 방어를 위한 최고의 무기다. 약 2m에 달하는 거대한 머리와 단단한 턱, 뾰족한 이빨도 적과 싸울 때나 사냥할 때 좋은 무기로 활용된다.

B조 예선 ❷ 라운드 - 4

이번 배틀에서는 오르니토미무스가 부전승으로 ❷라운드에 진출한 스피노사우루스를 상대한다. 뛰어난 스피드를 자랑하는 오르니토미무스와 몸길이가 15m에 달하는 최대급 육식 공룡인 스피노사우루스의 대결이다. 육지에서 네 발로 걷는 스피노사우루스가 오르니토미무스의 스피드를 따라잡을 수 있을지, 오르니토미무스가 적의 슈퍼급 체구에 대항할 수 있을지 지켜보자.

START!

1 선공으로 기선 제압!
오르니토미무스가 기선 제압을 위해 스피노사우루스를 향해 발차기를 날린다. 스피노사우루스가 휘청이며 민첩한 적을 좀처럼 잡지 못한다.

날렵한 발차기 공격!

2 전세를 바꾸기 위한 후퇴!
스피노사우루스는 빠르게 치고 들어오는 적의 공격에 대응할 만한 기술이 없다. 그래서 작전을 변경해 자신에게 유리한 장소인 물가로 후퇴한다.

공룡왕 토너먼트

POWER UP!

3 갑자기 바뀐 대결의 흐름!
적을 놓칠까 봐 초조해하며 쫓아온 오르니토미무스! 그때, 스피노사우루스가 오르니토미무스를 덥석 물어 물속으로 끌고 들어간다. 그리고 무참히 살을 물어뜯자, 주변이 핏빛으로 물든다.

사납게 물어뜯어 적의 숨통을 끊다!

공격 포인트!
적의 기세를 꺾는 수중 잠입

스피노사우루스는 자신에게 유리한 물속으로 상대를 끌고 들어가 역전에 성공했다.

배틀 초반, 오르니토미무스의 빠른 공격에 어찌할 바를 몰라 하던 스피노사우루스! 자신에게 유리한 수중전으로 배틀을 몰고 가 마침내 승리했다.

WINNER 스피노사우루스

공룡 상식

최신 과학이 밝혀낸 공룡의 모습

과학의 발달로 공룡에 관한 정보들이 새롭게 밝혀지고 있다. 이에 따라 공룡의 모습을 재현한 그래픽이 바뀌거나 기존에 알려져 있는 공룡 정보를 수정하는 경우도 있다. 최신 과학이 밝혀낸 공룡의 모습과 정보들을 알아보자.

공룡의 몸에 있는 깃털과 날개!

중국의 랴오닝성에서 깃털 공룡의 화석이 발견되면서 대부분의 공룡에 깃털이 있었다는 설이 힘을 얻고 있다. 이 화석의 주인공은 티라노사우루스과의 유티라누스로 15~20cm의 깃털 화석이 발견되었다. 이후 티라노사우루스를 재현하는 그래픽에 깃털을 그려 넣는 경우가 많아졌다. 티라노사우루스의 화석에서 깃털이 발견된 것은 아니지만 유티라누스의 화석을 통해 티라노사우루스의 몸에도 깃털이 있었을 것이라고 보는 것이다.
공룡의 깃털은 체온을 유지하기 위해 있었다는 설이 가장 유력하며 짝짓기를 하기 위해 사용했다는 등의 다양한 설도 있다.

유티라누스
'아름다운 깃털을 가진 폭군'이라는 학명을 가진 공룡으로, 깃털 화석이 발견된 공룡 중에서 가장 크다.

오르니토미무스, 오비랍토르, 드로마에오사우루스 등 현재의 조류에 가까운 공룡의 몸에는 날개가 있었다. 미크로랍토르의 경우는 앞다리뿐 아니라 뒷다리에도 날개가 달려 있어서 날개가 모두 두 쌍(4개)이다.

미크로랍토르
4개의 날개를 편 채 바람을 타고 나무 사이를 이동하며 생활했다.

스피노사우루스의 등에 있는 돛의 정체!

스피노사우루스는 두 가지의 특징을 가지고 있다. 하나는 거대한 육식 공룡인 티라노사우루스를 능가하는 체격이며 다른 하나는 등에 솟은 큰 돛이다. 이 돛은 등뼈가 위로 돌출되어 자란 신경배돌기를 피부가 덮고 있는 것이라고 한다. 돛의 기능에 대해서는 아직 확실하게 밝혀지지는 않았지만 이성을 유혹하기 위해 사용했다는 의견도 있다.

스피노사우루스
고릴라처럼 앞다리의 끝을 땅에 대고 걷는 '너클 보행(knuckle-walk)'을 했다.

테리지노사우루스 발톱의 용도!

테리지노사우루스는 얼굴은 작고 이빨이 없으며 몸통이 동글동글하게 살이 쪘다. 가장 큰 특징은 길이 70cm에 달하는 발톱이다. 이 기다란 발톱은 지나치게 곧게 뻗어 있어 다른 공룡을 베는 공격 무기로는 사용하지 못했을 것으로 보인다. 기다란 발톱의 용도에 대해서는 과학자들마다 의견이 분분하다. 땅을 파헤치는 데 사용했다는 의견과 나뭇잎을 긁어모으는 데 사용했다는 의견 등이 있다.

테리지노사우루스
큰 몸통에는 크고 긴 위와 장이 있어 소화가 어려운 식물도 먹을 수 있었을 것이다.

공룡 호기심

공룡의 턱 힘 비교

육식 공룡은 상대를 무는 턱 힘이 매우 강했다. 힘의 세기는 N(뉴턴)이란 단위로 나타내며, 인간의 턱 힘은 1000N이고 아메리카악어의 턱 힘은 3800N이나 된다. 사나운 육식 공룡의 턱 힘은 얼마나 될지 알아보자.

1 35000N 티라노사우루스

몸길이 12m의 티라노사우루스는 공룡 최강의 턱 힘을 자랑한다. 날뛰는 먹잇감을 한번 물었다 하면 살아 있는 상태에서 통째로 씹어 먹을 수 있었다고 한다.

2 14000N 기가노토사우루스

몸길이 13m의 기가노토사우루스는 티라노사우루스보다 몸집은 크지만 턱 힘은 절반도 되지 않았다. 하지만 티라노사우루스의 턱 힘이 유독 뛰어난 것일 뿐, 기가노토사우루스의 턱 힘도 대단했다.

3 5500N 알로사우루스

몸길이 8.5m의 알로사우루스는 날카로운 칼날 모양의 이빨을 가지고 있다. 이 이빨로 먹잇감의 살을 찢은 다음 물어뜯어 죽였다. 날카로운 이빨이 있어 턱 힘은 크게 중요하지 않았다.

최강 수중왕 배틀

- 최강 수중왕
  - 결승전
    - 준결승전-1
      - 리오플레우로돈
      - 예선-1
        - 메트리오린쿠스
        - 아르켈론
    - 준결승전-2
      - 예선-2
        - 탈라토아르콘
        - 후타바사우루스
      - 모사사우루스

공룡 시대에 바다를 지배한 수중 파충류들의 대결이 시작된다. 수중 파충류에는 목이 긴 공룡과 비슷하게 생긴 것도 있고, 물고기나 거북과 비슷하게 생긴 것도 있다. 다양한 생김새만큼이나 다양한 기술을 선보이는 수중 파충류들의 멋진 배틀 무대가 펼쳐진다. 마지막에 수중왕과 돌발 파이터가 펼치는 대결도 기대해 보자.

홍 예선 1

메트리오린쿠스
쥐라기의 해적

Metriorhynchus

길이	3m
무게	?

- **분 류** 파충류 > 악어목
- **식 성** 육식(물고기)
- **생존 시기** 트라이아스기 / 쥐라기 / 백악기

화석

크기 비교

메트리오린쿠스는 쥐라기 시대에 바다 생활에 적응한 악어류이다. 바다 생활로 인하여 다리와 꼬리가 지느러미로 변해 육지로 다시 돌아오지 못했을 것으로 추정된다. 당시 바다에서 가장 크고 사나운 포식 동물 중 하나였으며, 유럽의 각지에서 화석이 발견되고 있다.

뛰어난 스피드 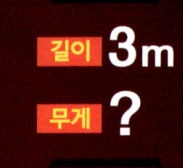무기
가늘고 긴 턱은 물속에서 물고기를 빠르게 사냥하는 데 적합하다. 몸의 표면이 물의 저항을 적게 받는 형태를 띠고 있어 헤엄치는 속도도 빨랐을 것으로 추정된다.

수중왕 토너먼트 청

아르켈론
바닷속을 누비는 잠수정

Archelon

- 길이 4m
- 무게 ?

분류	파충류 > 거북목
식성	육식
생존 시기	트라이아스기 / 쥐라기 / 백악기

화석: 북아메리카

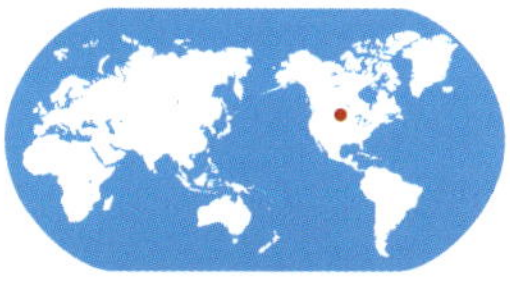

크기 비교

아르켈론은 지구 역사상 가장 큰 바다거북이다. 오늘날의 소형 자동차보다 몸집이 크며, 머리 크기가 80cm나 된다. 현존하는 바다거북과 매우 비슷하게 생겼으며, 새의 부리를 닮은 입과 짧은 꼬리가 있다. 북아메리카 중앙에 있었던 얕은 바다에서 서식했고, 알을 낳을 때는 땅 위로 올라왔다.

뾰족한 부리 (무기)
입 끝에 있는 뾰족한 부리가 최고의 무기다. 턱 힘이 약하고 이빨이 없지만 뾰족한 부리를 이용해 연체동물인 암모나이트류를 껍질째 씹어 먹을 수 있다.

예선

공룡 시대 최강 수중 동물을 결정하는 수중전이 시작되었다. 첫 번째 배틀의 주인공은 메트리오린쿠스와 아르켈론으로, 바다에 사는 악어와 거대한 바다거북의 대결이다. 뛰어난 스피드와 큰 턱을 가진 메트리오린쿠스는 아르켈론의 두꺼운 등딱지를 공격할 계획이다. 하지만 아르켈론은 등딱지뿐 아니라 강력한 부리도 있기 때문에 절대로 만만한 상대가 아님을 알아야 한다.

바다 파이터들의 대결이 시작된다!

START!

1 후려치기 공격!
우아하게 헤엄치며 다가온 아르켈론이 앞발로 후려치기를 시도한다. 스피드를 자랑하며 아르켈론의 공격을 피하는 메트리오린쿠스!

2 물어뜯기 반격!
이번에는 메트리오린쿠스가 아르켈론에게 달려들어 물어뜯기 시작한다. 하지만 두꺼운 등딱지를 뚫는 데 실패하고, 오히려 여러 개의 이빨이 부러지고 만다.

수중왕 토너먼트

3 무서운 부리의 위력!

아르켈론이 메트리오린쿠스의 뒷다리를 물며 반격에 나선다. 뒷다리를 물린 메트리오린쿠스가 몸을 비틀어 보지만, 결국 다리가 떨어져 나가 목숨을 잃고 만다.

POWER UP!

공격 포인트! 절대 놓지 않는 턱

부리로 한 번 물면 절대 놓지 않는 아르켈론에게 메트리오린쿠스가 꼼짝없이 당하고 말았다.

거대 거북의 공격! 성공할 것인가?

메트리오린쿠스는 아르켈론의 등딱지를 공격했다가 오히려 이빨이 부러지고 말았다. 메트리오린쿠스의 다리를 물고 끈질기게 놓지 않았던 아르켈론이 승리를 거머쥐었다.

WINNER: 아르켈론

 예선 2

탈라토아르콘

트라이아스기의 해양 무기

길이 8m
무게 ?

Thalattoarchon

분류	파충류 > 어룡목
식성	육식(물고기)
생존 시기	트라이아스기 쥐라기 백악기

화석

크기 비교

탈라토아르콘은 2013년에 보고된 어룡(바다에서 생활하는 물고기처럼 생긴 파충류)으로, 돌고래와 비슷하게 생겼다. 자신과 같은 크기의 수중 생물까지 먹잇감으로 삼는 사냥 실력으로 당시의 바다를 지배했을 것으로 추정된다. 머리가 1m나 되며 턱에는 커다란 이빨이 여러 개 나 있다.

뛰어난 수영 실력 무기

물속에서 빠르게 헤엄치는 데 적합한 체형이다. 범고래처럼 움직임이 매우 빠르며, 뛰어난 수영 실력을 이용해 강력한 턱으로 먹잇감을 사냥했을 것으로 추정된다.

수중왕 토너먼트 청

후타바사우루스
백악기 일본의 수중 대표

길이 7m
무게 ?

Futabasaurus

- **분류**: 파충류 > 수장룡목
- **식성**: 육식(물고기)
- **생존 시기**: 트라이아스기 / 쥐라기 / 백악기
- **화석**: (일본)
- **크기 비교**

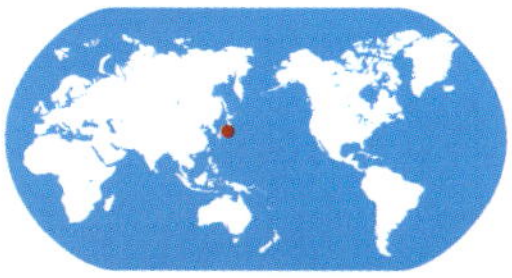

후타바사우루스는 1968년에 발견된 일본 최초의 수장룡(바다에서 생활하는 목이 긴 파충류)이다. 후타바사우루스의 화석 발견 당시 주변에서 상어의 이빨이 함께 발견되었다. 이를 통해 죽기 직전에 상어와 싸웠거나 혹은 죽은 뒤에 상어에게 먹히고 화석이 된 것으로 추정된다.

기다란 목 〈무기〉
목의 길이가 전체 몸길이의 절반을 차지할 정도로 매우 길다. 긴 목을 물속에서 빠르게 움직여 물고기나 바다에 사는 다양한 생물을 잡아먹었을 것으로 추정된다.

107

예선 2

1 공격의 기회 엿보기!
탈라토아르콘이 후타바사우루스의 주위를 돌며 공격할 기회를 노린다. 후타바사우루스도 목을 길게 뻗어 보지만 재빠른 탈라토아르콘을 잡을 수가 없다.

적의 빈틈을 노리다!

이번 배틀은 어룡과 수장룡의 대결이다. 탈라토아르콘은 자신과 크기가 비슷한 상대도 아무렇지 않게 습격하여 잡아먹는다고 알려진 잔인하고 난폭한 포식자이다. 수영 실력까지 뛰어난 탈라토아르콘이 이번 배틀에서 유리해 보인다. 하지만 후타바사우루스도 자신의 무기인 긴 목을 이용해 방어에 집중한다면 승리의 기회는 반드시 있을 것이다. 배틀의 시작을 알리는 신호와 함께 파이터들이 등장한다.

2 상대의 공격에 맞서기!
탈라토아르콘이 맹렬히 돌진해 후타바사우루스의 몸통과 발을 물어뜯는다. 후타바사우루스는 격렬하게 저항하여 치명상을 입지는 않았지만, 많은 피를 흘려 움직임이 둔해지기 시작한다.

★ 수중왕 **토너먼트** ★★★★★★★★★★★★★★★★★★★★★★

POWER UP!

3 후타바사우루스, 반격 성공!

움직임이 둔해진 적의 숨통을 끊기 위해 탈라토아르콘이 돌격한다. 하지만 반격을 준비하고 있던 후타바사우루스가 긴 목을 뻗어 상대의 얼굴을 물어뜯는다. 눈이 짓이겨진 탈라토아르콘이 서둘러 도망가 버린다. 반격에 성공한 후타바사우루스의 승리!

긴 목을 뻗어 적을 무찌르다!

공격 포인트! 적의 얼굴 강타

후타바사우루스의 날카로운 이빨이 탈라토아르콘의 얼굴에 꽂히며 눈에 큰 상처를 주었다.

강력한 포식자와의 싸움에서 방어만 하던 후타바사우루스가 긴 목을 이용해 적을 공격했다. 탈라토아르콘을 한 방에 무너뜨리고 멋지게 승리한 것이다.

WINNER 후타바사우루스

준결승전 1

리오플레우로돈
흉폭한 바닷속 포식자

Liopleurodon

길이 10m
무게 ?

분류	파충류강 > 수장룡목
식성	육식(물고기)
생존 시기	트라이아스기 / 쥐라기 / 백악기

화석

크기 비교

리오플레우로돈은 목이 짧은 수장룡이다. 몸의 형태가 비행기처럼 유선형(앞쪽은 곡선이고 뒤쪽으로 갈수록 뾰족한 형태)이고 지느러미 모양의 네 다리가 있어 헤엄치는 속도가 매우 빨랐을 것으로 추정된다. 쥐라기 후기에 유럽의 바다에서 다양한 생물을 거침없이 잡아먹던 사나운 포식자이다.

무기
튼튼한 턱
머리 부위가 전체 몸길이의 7분의 1인 1.5m나 된다. 길고 매우 튼튼한 턱이 최대 무기이며, 입안의 원뿔 모양 혹은 삼각뿔 모양의 뾰족한 이빨도 무기로 활용된다.

수중왕 토너먼트

아르켈론
바닷속을 누비는 잠수정

길이 4m
무게 ?

Archelon

분류	파충류 > 거북목	화석	크기 비교

식성 육식

생존 시기: 트라이아스기 / 쥐라기 / 백악기

아르켈론은 예선 첫 번째 배틀에서 메트리오린쿠스를 꺾고 준결승전에 진출했다. 메트리오린쿠스의 물어뜯기 공격을 등딱지로 방어한 아르켈론은 강력한 부리 공격으로 반격에 성공했다. 메트리오린쿠스는 뒷다리를 물리고 몸을 비틀거리다가 결국에는 뒷다리가 잘려 나가 목숨을 잃고 말았다.

메트리오린쿠스와의 배틀 장면 104p

준결승전 1

길고 큰 턱을 가진 리오플레우로돈과 두꺼운 등딱지를 가진 큰 바다거북 아르켈론의 대결이다. 체격 면에서는 리오플레우로돈이 우세하지만, 공격력과 방어력 면에서는 막상막하인 파이터들이다. 그렇기 때문에 긴박한 공방(공격과 방어)이 오가는 명승부를 보여 줄 것으로 예상된다. 아르켈론이 사나운 적을 상대로 어떤 공격과 방어를 펼칠 수 있을까?

START!

1 아르켈론, 선제 공격!

예상치 못한 상황이 벌어졌다. 아르켈론이 리오플레우로돈의 지느러미를 물며 선제 공격을 시도한 것이다. 리오플레우로돈은 살이 찢기는 고통을 참으며 아르켈론을 떼어 놓는다.

물어뜯기 공격을 갑옷으로 맞서다!

2 두꺼운 등딱지로 방어!

피를 흘리는 리오플레우로돈이 재빨리 아르켈론의 옆구리를 파고들어 물어뜯는다. 하지만 한 번 물고 두 번 물어도 두꺼운 등딱지는 뚫릴 기미가 보이지 않는다.

수중왕 토너먼트

POWER UP!

푸른 바다가 핏빛으로 변하다!

3 등딱지도 부서뜨리는 공격!
리오플레우로돈이 물어뜯기 공격을 계속하자, 마침내 아르켈론의 다리가 피로 물들고 등딱지도 부서진다. 아르켈론은 안타까운 죽음을 맞이한다.

공격 포인트! 강력한 턱 힘
리오플레우로돈의 강력한 턱과 끈질긴 공격이 승부의 열쇠가 되었다.

아르켈론이 선제 공격을 퍼부으며 배틀을 시작했지만, 이후에는 결정타를 날리지 못해 패했다. 두꺼운 등딱지도 리오플레우로돈의 지속적인 공격에 뚫리고 말았다.

WINNER: 리오플레우로돈

 준결승전 2

후타바사우루스
백악기 일본의 수중 대표

Futabasaurus

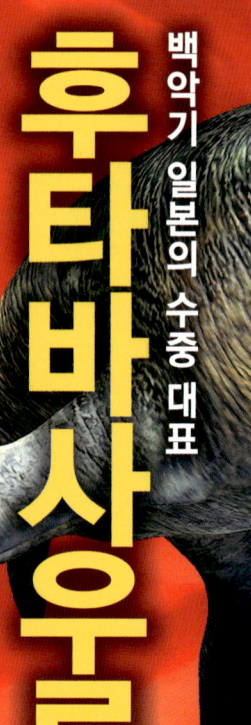

길이 7m
무게 ?

분류	파충류 > 수장룡목
식성	육식(물고기)
생존 시기	트라이아스기 / 쥐라기 / 백악기

화석

크기 비교

후타바사우루스는 예선 배틀에서 탈라토아르콘을 꺾고 준결승전에 진출했다. 탈라토아르콘의 공격을 받고 힘들게 싸움을 이어 가던 중 마침내 반격의 기회를 잡고 적의 얼굴을 물어뜯는 데 성공했다. 후타바사우루스의 날카로운 이빨 공격에 상처를 입은 탈라토아르콘이 도망치면서 대결이 마무리되었다.

탈라토아르콘과의 배틀 장면 108p

수중왕 토너먼트

모사우루스
백악기의 공격형 잠수함

길이 18m
무게 ?

Mosasaurus

분류	파충류 > 유린목
식성	육식(물고기)
생존 시기	트라이아스기 / 쥐라기 / 백악기

화석

크기 비교

모사사우루스는 백악기 바다의 지배자로 불리는 사나운 파충류다. 머리뼈는 악어와 같은 형태를 띠며, 턱에는 활처럼 굽은 이빨이 나 있다. 뾰족한 머리와 꼬리, 지느러미 형태의 네 다리 등 물속 생활에 최적화된 몸이 가장 큰 특징이다. 물고기나 오징어, 다른 해양 파충류 등을 잡아먹었을 것으로 추정된다.

강력한 턱
무기

크고 단단한 턱이 최대의 무기다. 턱을 1m나 벌릴 수 있기 때문에 웬만한 먹이는 통째로 삼킬 수 있다. 길고 힘이 센 꼬리도 공격과 방어 무기로 활용된다.

준결승전 2

두 번째 배틀은 탈라토아르콘을 꺾고 올라온 후타바사우루스와 부전승으로 올라온 모사사우루스의 대결이다. 후타바사우루스는 긴 목이 유일한 무기임에도 불구하고 뛰어난 전략으로 강력한 상대를 무너뜨렸다. 이번에는 자신보다 몸길이가 두 배나 긴 모사사우루스를 상대로 어떤 기술을 선보일까? 다소 긴장한 후타바사우루스와는 달리 모사사우루스는 꼬리를 흔들며 유유히 등장한다.

적의 약점을 노리다!

1 표적을 향한 후방 공격!
모사사우루스는 빠른 속도로 후타바사우루스를 향해 다가가 꼬리를 물어 버린다. 몸의 방향을 빨리 바꾸지 못하는 후타바사우루스의 약점을 이용한 것이다.

2 물어뜯으며 반격 시작!
공격을 당한 후타바사우루스는 긴 목을 돌려 모사사우루스를 물어뜯으며 반격을 시도한다. 하지만 큰 상처를 입히지는 못한다.

수중왕 토너먼트

사나운 공격에 처참히 당하다!

POWER UP!

3 후타바사우루스의 최후!

모사사우루스는 이 순간을 놓치지 않고 큰 입을 벌려 후타바사우루스의 머리를 통째로 물어 버린다. 순식간에 머리를 잃은 후타바사우루스의 몸이 경련을 일으킨다.

공격 포인트! 큰 턱으로 물기

사나운 포식자 모사사우루스의 강력한 턱에 후타바사우루스는 머리를 통째로 잃었다.

모사사우루스는 수영 실력과 턱 힘 등 모든 능력에서 앞선 상대였다. 이번에는 상대의 긴 목을 피해 등 뒤에서 신중하게 습격하는 뛰어난 사냥 실력까지 보여 주었다.

WINNER 모사사우루스

리오플레우로돈 결승전

드디어 최강 수중왕을 결정하는 결승전이 시작되었다. 쥐라기를 대표하는 몸길이 10m의 리오플레우로돈과 백악기를 대표하는 몸길이 18m의 모사사우루스가 붙는다. 두 파이터 모두 각자가 살던 시대에 바다를 지배했던 사나운 수중 파충류들이다. 배틀 무대인 드넓은 바다에서 살아남을 자는 과연 누가 될 것인가? 이번 배틀에서 그 영광의 주인공을 확인해 보자.

START!

1 유리한 공격 위치 선점!
리오플레우로돈은 본능적으로 모사사우루스의 강력한 파워를 감지한다. 그리고 유리한 위치를 차지하기 위해 모사사우루스의 아래쪽으로 깊이깊이 가라앉는다.

포식자를 향해 선공을 날리다!

2 위로 치솟으며 일격!
모사사우루스는 상대의 모습이 보이지 않자 경계 태세를 갖춘다. 그때, 리오플레우로돈이 20m 아래서 힘차게 상승해 모사사우루스의 꼬리지느러미를 물어뜯는다.

수중왕 토너먼트 — 모사사우루스

POWER UP!

3 강렬한 물어뜯기 공격!
모사사우루스는 꼬리가 떨어져 나가는 아픔을 참고, 몸을 돌려 리오플레우로돈의 배를 물어뜯는다. 리오플레우로돈은 배가 찢겨 그 자리에서 숨이 끊어지고 만다.

공격 포인트! 최강 포식자의 부상 투혼

모사사우루스가 자신의 상처를 이겨 내고 적을 공격한 것이 결정타가 되었다.

꼬리가 떨어져 나가는 아픔을 참고 반격에 성공한 모사사우루스! 기회를 놓치지 않고 멋진 순발력을 발휘한 모사사우루스가 최강 수중왕 자리에 올랐다.

WINNER: 모사사우루스

돌발전 돌발 파이터

스피노사우루스
Spinosaurus

하천에 숨은 수중 제왕

- 길이 15m
- 무게 11t

분류	용반목 > 수각류
식성	육식(물고기)
생존 시기	트라이아스기 / 쥐라기 / 백악기

화석:

크기 비교:

스피노사우루스는 역사상 가장 큰 육식 공룡이다. 머리는 가늘고 길어 마치 악어와 같이 생겼고, 턱에는 원뿔 모양의 이빨이 나 있다. 등에 있는 척추 돌기가 위로 솟아올라 생긴 부채살 모양의 돛이 가장 큰 특징이다. 북아프리카 지역의 물가에 살면서 주로 물고기를 잡아먹었다.

거대한 몸 (무기)
수각류 중 가장 큰 체격이 공격과 방어를 위한 최고의 무기다. 약 2m에 달하는 거대한 머리와 단단한 턱, 뾰족한 이빨도 적과 싸울 때나 사냥할 때 좋은 무기로 활용된다.

 수중왕 토너먼트

모사우루스
백악기의 공격형 잠수함

길이 **18m**
무게 **?**

Mosasaurus

분류	파충류 > 유린목
식성	육식(물고기)
생존 시기	트라이아스기 / 쥐라기 / 백악기

화석

크기 비교

모사우루스는 결승전에서 리오플레우로돈을 꺾고 최강 수중왕이 되었다. 결승전에서 리오플레우로돈은 아래쪽에서 치고 오르며 모사우루스의 꼬리를 공격했다. 모사우루스는 꼬리가 뜯기는 아픔을 참고 반격에 성공하였고, 리오플레우로돈은 배를 물려 살이 찢기면서 목숨을 잃고 말았다.

리오플레우로돈과의 배틀 장면 118p

★ 돌발전 ★

수중왕 토너먼트 대진표에 없던 스피노사우루스가 모사사우루스에게 도전장을 내밀었다. 몸길이 18m의 모사사우루스와 15m의 스피노사우루스는 체격 면에서는 크게 차이가 나지 않는다. 헤엄치는 속도로 보면 모사사우루스가 유리하지만 스피노사우루스는 육지에서도 대결할 수 있다는 장점이 있다. 최강 수중왕 배틀의 마지막을 장식하는 공룡 대 수중 파충류의 대결, 그 결과를 지켜보자.

START!

도전장을 내밀다! 바다의 지배자에게

1 돌진하는 스피노사우루스!
배틀 시작과 동시에 스피노사우루스가 상대를 향해 과감하게 달려든다. 모사사우루스는 재빠르게 피해 깊은 바다로 내려가 공격 태세를 갖춘다.

2 무자비한 물어뜯기 공격!
모사사우루스는 힘차게 상승해 수면 위로 점프한다. 그리고 수면 위로 튀어나온 스피노사우루스의 돛을 덥석 물더니 거칠게 물어뜯는다. 돛에서 피가 뿜어져 나오면서 바닷물이 핏빛으로 변한다.

수중왕 토너먼트

POWER UP!

3 바다 지배자의 위력!
스피노사우루스가 죽을 각오로 공격을 시도하지만, 모사사우루스는 물러서지 않고 물어뜯기 공격을 퍼붓는다. 결국에는 스피노사우루스가 많은 양의 피를 흘리며 쓰러지고 만다.

수중 대결에서 죽음을 맞이하다!

공격 포인트!
물어뜯기 공격으로 과다 출혈 유도

물어뜯기 공격을 반복해 스피노사우루스가 과다 출혈로 쓰러지게 만들었다.

모사사우루스는 뛰어난 전술과 공격 기술을 선보이며 최강 수중왕다운 모습을 보여 주었다. 스피노사우루스는 단 한 번의 공격도 성공하지 못한 채 안타까운 죽음을 맞이했다.

WINNER 모사사우루스

공룡 호기심
가장 거대한 공룡

중생대의 공룡들은 대부분 몸집이 큰 편이다. 거대한 몸집은 스스로를 보호하는 최대의 방어 무기가 된다. 《최강왕 공룡 배틀》에 등장하는 공룡들 가운데 가장 거대한 공룡들을 소개한다.

1 · 36m · 아르젠티노사우루스

용각류 공룡들은 거대한 몸집 덕분에 싸우지 않고도 살아남을 수 있었다. 아르젠티노사우루스와 세이스모사우루스는 용각류 중에서도 특히 몸집이 거대한 초대형 공룡들이다.

2 · 15m · 스피노사우루스

거대한 초식 공룡인 용각류만큼은 아니지만 육식 공룡 중에서는 스피노사우루스가 가장 크다. 스피노사우루스는 몸뿐만 아니라 머리 또한 매우 크며, 머리의 크기가 2m나 된다고 한다.

3 · 14m · 단바티타니스

단바티타니스는 스피노사우루스만큼 몸집이 크다. 꼬리 길이는 몸길이의 약 3분의 1이나 된다고 한다. 기다란 꼬리 때문에 사나운 육식 공룡들도 잘 덤비지 못했다.

티라노사우루스 ★★★★★★★★★★ A조 준준결승전 1

최강 공룡왕 준준결승전이 시작되었다. A조 첫 번째 배틀은 성격이 사납기로 유명한 티라노사우루스와 지능이 높은 데이노니쿠스 무리의 대결이다. 무엇이든지 부숴 버리는 강력한 턱을 가진 티라노사우루스가 유리해 보이지만 높은 지능을 이용해 고도의 전술을 펼치는 데이노니쿠스도 만만치 않은 상대다. 복잡한 지형의 숲은 데이노니쿠스 무리가 게릴라전을 펼치기에 매우 좋은 장소지만 그 전술이 티라노사우루스에게도 통할지는 지켜봐야 한다.

포위 공격이 시작되다!

START!

1 지능적인 집단 공격 준비!
배틀이 시작됐는데도 여유를 부리는 티라노사우루스! 그 모습을 본 데이노니쿠스들이 숲속으로 뿔뿔이 흩어진다. 티라노사우루스가 만만치 않은 상대임을 감지하고 정면 승부를 피하려는 것이다.

2 숨은 적을 찾는 예리한 후각!
데이노니쿠스 네 마리가 숲에 몸을 숨긴 채 티라노사우루스를 포위한다. 후각이 발달한 티라노사우루스는 무리 중 한 마리를 찾아내 물어 죽이는 데 성공한다.

공룡왕 토너먼트

데이노니쿠스

POWER UP!

③ 1 대 3 대결의 최후!
동료 한 마리를 잃고 분노한 데이노니쿠스들이 한꺼번에 티라노사우루스에게 덤벼든다. 하지만 티라노사우루스와 제대로 대적해 보지도 못하고 모두 물려 죽고 만다.

마침내 적들을 전멸시키다!

공격 포인트! 매우 발달한 후각

티라노사우루스의 승리 요인은 숨어 있는 사냥감을 찾아내는 예리한 후각이다.

데이노니쿠스들이 티라노사우루스에게 한꺼번에 덤벼든 것이 큰 실수였다. 조금만 더 신중하게 행동했다면 이렇게 무참히 당하지는 않았을 것이다.

WINNER 티라노사우루스

 사이카니아 ★★★★★★★★★★ A조 준준결승전 2

이번 배틀은 머리에 뾰족한 뿔이 있는 트리케라톱스와 머리에서 꼬리까지 단단한 피부로 덮여 있는 사이카니아의 대결이다. 이들의 특징을 보면, 마치 '창과 방패'의 대결 같다. 두 공룡 모두 평소에는 공격적이지 않은 초식 공룡이지만 최강 공룡왕을 결정하는 준준결승전인 만큼 서로에게 맹렬한 공격을 퍼붓기로 한다. 배틀 무대인 드넓은 황야에 트리케라톱스와 사이카니아가 등장한다.

뿔과 갑옷의 마지막 승자는?

START!

1 곤봉 공격으로 혈투 돌입!
거친 숨을 몰아쉬며 등장한 사이카니아! 꼬리 곤봉을 세차게 휘두르며 공격을 가한다. 사이카니아의 곤봉에 맞은 트리케라톱스의 얼굴에 피가 흐르기 시작한다.

2 두 번째 공격의 기회 포착!
결정타를 날리기 위해 사이카니아가 몸을 돌려 더 강한 공격을 준비한다. 그 순간, 트리케라톱스가 사이카니아의 옆구리를 뿔로 들이받는다. 하지만 사이카니아의 단단한 피부를 뚫지는 못한다.

 공룡왕 토너먼트  트리케라톱스

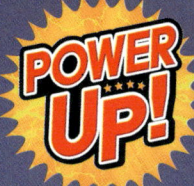

3. 트리케라톱스, 돌격!

트리케라톱스가 다시 돌격해 뿔로 상대를 넘겨 버리고 무방비 상태의 배를 발로 짓밟는다. 치명상을 입은 사이카니아는 더 이상 움직이지 못한다.

공격 포인트! 육중한 몸으로 짓밟기

몸무게가 10t이나 되는 트리케라톱스의 몸으로 짓밟으면 어떤 상대라도 내장이 파열되어 죽을 것이다.

최강의 초식 공룡을 가리는 이번 배틀에서는 상대의 허점을 노리고 공격에 성공한 트리케라톱스가 승리했다. 멋지게 싸워 승리를 거머쥔 트리케라톱스가 준결승전에 진출한다.

WINNER: 트리케라톱스

기가노토사우루스 ★★★★★★★ B조 준준결승전 1

갈고리 발톱의 위력을 뽐내다!

1 날카로운 발톱 휘두르기!
배틀이 시작되자마자 테리지노사우루스가 긴 발톱을 휘두른다. 기가노토사우루스는 테리지노사우루스가 휘두른 발톱에 긁혀 한쪽 눈이 찢기고 만다.

2 육식 공룡의 방어전!
다시 한 번 발톱 공격을 시도하는 테리지노사우루스! 기가노토사우루스가 적의 다리를 입으로 물어 방어한다. 그 순간, 테리지노사우루스의 한쪽 다리가 떨어져 나간다.

B조 준준결승전의 첫 번째 배틀은 대형 공룡들의 배틀이다. 몸길이 13m의 기가노토사우루스와 몸길이 10m의 테리지노사우루스가 준준결승전의 무대에 오른다. 테리지노사우루스는 길고 큰 갈고리발톱이 있고, 기가노토사우루스는 강한 이빨과 턱이 있다. 각자의 무기를 잘 활용해 여기까지 올라온 파이터들인 만큼 이번 배틀에서는 어떤 모습을 보여 줄지 기대된다.

공룡왕 토너먼트　　테리지노사우루스

POWER UP!

3 승리를 향한 최후의 일격!
극심한 통증에 제정신이 아닌 테리지노사우루스 곁으로 다가가는 기가노토사우루스! 테리지노사우루스의 목을 물어 숨통을 끊어 놓는다.

육식 공룡의 공격에 꼼짝 못하다!

기가노토사우루스는 예상치 못한 선제 공격에 한쪽 눈과 거리 감각을 잃었다. 하지만 상대의 곁으로 파고들어 육식 공룡의 파괴력을 보여 주며 멋지게 승리했다.

공격 포인트! 날카로운 이빨 공격

기가노토사우루스의 강력한 공격에 테리지노사우루스는 그 자리에서 죽고 말았다.

WINNER 기가노토사우루스

트로오돈 ★★★★★★★★★★ B조 준준결승전 2

이번 배틀의 출전자는 몸길이 2.5m의 소형 공룡인 트로오돈과 트로오돈보다 약 6배나 큰 15m의 스피노사우루스다. 공격력이 강한 스피노사우루스를 상대로 공룡 제일의 두뇌를 가진 트로오돈은 어떤 전략을 펼칠까? 배틀 무대는 강가로, 스피노사우루스에게 유리할 것 같지만 트로오돈에게는 그것을 뛰어넘을 지능이 있기 때문에 전혀 불리하지 않을 것이다.

육중한 몸으로 돌진하다!

START!

1 거대한 몸으로 선제 공격!
스피노사우루스가 트로오돈을 향해 돌진한다. 트로오돈은 적의 공격이 닿지 않는 큰 바위 위로 재빨리 올라가 지구전에 돌입한다.

2 이른 아침, 전투 재개!
다음 날 아침, 해가 떠오르자 몸이 작은 트로오돈의 체온이 빨리 상승한다. 트로오돈은 아직 체온이 오르지 않아 움직이기 어려운 스피노사우루스에게 달려들어 공격하기 시작한다.

★ 공룡왕 **토너먼트** ★★★★★★★★★★ 스피노사우루스

**공격 포인트!
통째로 집어삼키기!**

단단한 턱과 이빨을 가진 스피노사우루스는 몸이 작은 트로오돈을 한입에 집어삼킬 수 있다.

POWER UP!

3 대형 공룡의 반격!
스피노사우루스는 공격을 당해 피를 흘리면서도 입 가까이 접근한 트로오돈을 한입에 덥석 물어 버린다. 그리고 물속으로 끌고 들어가 통째로 집어삼킨다.

WINNER 스피노사우루스

승리를 향한 강한 의지가 스피노사우루스를 승리로 이끌었다. 비록 배틀에서 패했지만 배틀 초반에 본격 대결을 다음 날 아침으로 지연시킨 트로오돈의 작전도 매우 훌륭했다.

🔴 티라노사우루스 ★★★★★★★★★ A조 준결승전

A조 준결승전에는 티라노사우루스와 트리케라톱스가 진출했다. 두 공룡은 생존했던 백악기 시대에 실제로 대결을 벌이던 라이벌 사이다. 무는 힘이 악어의 10배나 되는 티라노사우루스의 강력한 턱에 맞서 트리케라톱스는 어떻게 대항할까? 배틀 무대는 어디에도 숨을 곳이 없는 황야로, 전면 승부를 펼쳐야 할 것이다. 이번 배틀에서 영원한 라이벌의 승자를 가려 보자.

1. 기습적인 뿔 공격!
트리케라톱스가 티라노사우루스를 향해 천천히 접근하더니, 갑자기 뿔로 들이받는다. 뾰족한 뿔에 찍힌 티라노사우루스의 가슴에서 피가 터져 나온다.

START!

2. 육식 공룡의 물어뜯기!
티라노사우루스는 흐르는 피에 동요하지 않고 트리케라톱스의 프릴(볏)을 물어뜯으며 반격에 나선다. 턱에 힘을 주어 비틀자, 프릴이 정확히 이등분으로 잘려 나간다.

★ 공룡왕 토너먼트 ★★★★★★★★★ 트리케라톱스

3 트리케라톱스의 최후!

트리케라톱스의 프릴이 떨어져 나가자, 약점인 목덜미가 드러난다. 티라노사우루스는 트리케라톱스의 목덜미를 덥석 물며 라이벌 대결을 자신의 승리로 마무리 짓는다.

공격 포인트! 무자비한 프릴 파괴

목덜미를 물어뜯은 강력한 턱 공격이 결정타가 되었다. 먼저 프릴을 물어 떼어 낸 것도 좋은 작전이었다.

적의 약점을 노려 공격하다!

WINNER 티라노사우루스

트리케라톱스의 큰 프릴을 물어뜯은 것은 티라노사우루스만의 대담한 공격 방식이다. 목덜미의 방어벽을 잃으면 트리케라톱스의 전투력이 떨어질 것을 알았기 때문이다.

기가노토사우루스 　　　B조 준결승전

B조 준결승전에는 기가노토사우루스와 스피노사우루스가 진출했다. 이번 배틀은 몸길이 13m와 15m의 거대 육식 공룡들의 대결이기도 하다. 기가노토사우루스가 강력한 이빨과 턱으로 상대의 목을 물어뜯거나, 스피노사우루스가 상대를 물속으로 끌고 들어가면 싸움은 끝이 날 것이다. 피에 굶주린 육식 공룡들의 격렬한 싸움이 이제 시작된다.

START!

1 수중전으로 몰아가기!
스피노사우루스는 자신보다 작지만 사나워 보이는 기가노토사우루스를 보고 초조해진다. 자신에게 유리한 수중전으로 몰아가기 위해 적을 향해 몸을 날리는데……

2 기가노토사우루스의 반격!
기가노토사우루스를 움직이는 데 실패한 스피노사우루스! 오히려 기가노토사우루스에게 잡혀 꼼짝없이 공격을 당하기 시작한다.

공룡왕 토너먼트 ★★★★★★★★ 스피노사우루스

돛을 물어뜯다!
적의 등에 난

POWER UP!

3 거대 공룡들의 대혈투!

기가노토사우루스가 스피노사우루스 등의 돛을 물어뜯자, 피가 솟구친다. 스피노사우루스는 고통에 몸부림을 치며 물속으로 도망친다.

육지에서는 스피노사우루스가 자신의 실력을 모두 펼치지 못하고 패하고 말았다. 상대의 공격을 받고도 침착하게 반격을 시도해 성공한 기가노토사우루스의 승리다.

공격 포인트! 사납게 무는 힘

기가노토사우루스의 강력한 물어뜯기 공격에 스피노사우루스의 돛이 찢어지고 말았다.

WINNER 기가노토사우루스

공룡 호기심
가장 작은 공룡

공룡들의 몸집이 모두 거대했던 것은 아니다. 현존하는 동물들의 크기가 다양하듯이 중생대 공룡들의 크기도 다양했다. 《최강왕 공룡 배틀》에 등장하는 공룡들 가운데 몸집이 작은 공룡들을 소개한다.

1 70cm 미크로랍토르

지금까지 발견된 공룡 중에서 가장 몸집이 작다. 앞다리뿐만 아니라 뒷다리에도 깃털이 덮인 날개가 있다. 이 날개를 편 채로 바람을 타고 나무와 나무 사이를 이동했다.

2 2.2m 스테고케라스

스테고케라스는 박치기 공룡 가운데 몸집이 작은 편에 속한다. 수컷끼리 싸우거나 다른 육식 공룡의 공격을 막아 낼 때 두껍고 단단한 머리뼈로 힘껏 박치기를 했다.

3 2.5m 벨로키랍토르

벨로키랍토르는 트로오돈과 함께 몸길이가 2.5m인 작은 육식 공룡이다. 몸길이는 두 공룡이 비슷하지만 벨로키랍토르의 몸무게가 훨씬 가벼워서 세 번째로 작은 공룡으로 뽑혔다.

 현존 동물 VS 멸종 동물

회색늑대
끈질긴 집단 사냥꾼

- 길이 **1.6m**
- 무게 **80kg**

Gray wolf

분류	포유류 > 식육목 > 갯과
식성	육식
생존 시기	현재

서식지

크기 비교

회색늑대는 무리를 지어 생활하며 사냥 실력이 뛰어난 동물이다. 리더 역할을 하는 늑대의 통솔 아래 늙거나 상처 입은 늑대를 서로 돌봐 주는 등 사회성이 매우 뛰어나다. 말코손바닥사슴, 들소, 사향소 등의 큰 동물을 사냥할 때도 무리의 동료들과 협력하여 집단 사냥을 한다.

뛰어난 소통 능력 (무기)
회색늑대는 냄새, 하울링(울음소리), 얼굴 표정, 동작 등을 통해 동료들과 소통한다. 뛰어난 소통 능력은 무리를 지어 사냥할 때나 다른 동물을 대적할 때 큰 도움이 된다.

스페셜 배틀

길이 **3.3m**
무게 **60kg**

난폭한 집단 사냥꾼

데이노니쿠스

Deinonychus

분류	용반목 > 수각류
식성	육식
생존 시기	트라이아스기 / 쥐라기 / 백악기

화석

크기 비교

데이노니쿠스는 작은 몸집에 비해 뇌의 크기가 커서 머리가 좋았을 것으로 추정된다. 한 마리의 전투력은 약할 수 있으나, 무리를 지어 싸울 때는 뛰어난 전략과 강력한 전투력을 발휘할 수 있다. 그만큼 결속력이 매우 강한 공룡으로, 무리를 지어 사냥하면 자신보다 큰 동물도 쓰러뜨릴 수 있다.

강한 결속력 — 무기

데이노니쿠스의 최대 능력은 무리를 지어 행동할 때 발휘되는 강력한 결속력이다. 무리가 똘똘 뭉쳐 대형 동물을 공격해 날카로운 갈고리발톱으로 치명상을 입힌다.

현존 동물 VS 멸종 동물

스페셜 배틀 첫 번째 무대는 단체전이다. 배틀 무대인 초원에는 데이노니쿠스 네 마리와 회색늑대 열 마리가 대치하고 있다. 몸길이가 1.6m 정도인 회색늑대에 비해 몸길이가 3.3m나 되는 데이노니쿠스가 유리해 보인다. 하지만 회색늑대 무리가 수적으로 우세하며, 뛰어난 소통 능력을 지니고 있기 때문에 배틀 결과는 예상할 수 없다.

START!

1 데이노니쿠스, 선제 공격!
배틀이 시작되자, 데이노니쿠스 무리가 둘로 나뉘어 회색늑대 무리를 공격한다. 데이노니쿠스 한 마리당 회색늑대 두 마리를 쓰러뜨리려는 전략이다.

2 하울링으로 신호 보내기!
순식간에 회색늑대 두 마리가 쓰러지자, 나머지 회색늑대들은 재빨리 사방으로 흩어진다. 데이노니쿠스를 따돌리고 배틀 무대에서 500m 벗어난 곳에서 하울링(울음소리)으로 동료에게 신호를 보낸다.

스페셜 배틀

3. 회색 늑대, 최후 공격!

회색늑대들은 해가 지기를 기다렸다가 반격에 나선다. 기온이 내려가자 체온이 떨어진 데이노니쿠스는 움직임이 둔해진다. 이를 눈치챈 회색늑대가 상대를 습격해 숨통을 끊어 버린다.

POWER UP!

공격 포인트! 야간 습격 작전

상대의 움직임이 둔해질 때까지 기다렸다가 습격한 회색늑대의 작전이 성공했다.

뛰어난 작전으로 승리를 이끌다!

대부분의 공룡은 기온이 내려가면 활동이 둔해지지만, 포유류는 기온이 떨어져도 운동 능력에 큰 변화가 없다. 이 점을 노리고 야간 전투로 몰고간 회색늑대의 작전이 빛을 발했다.

WINNER: 회색늑대

현존 동물 VS 멸종 동물

북극곰
북극의 지배자

Polar bear

길이 **3m**
무게 **800kg**

분류	포유류 > 식육목 > 곰과
식성	육식
생존 시기	현재

서식지

크기 비교

북극곰은 북극에 서식하는 세계에서 가장 큰 곰이다. 두꺼운 지방과 털가죽은 북극의 추위를 막아 내기에 적합하며, 싸움을 할 때는 몸을 보호해 주는 역할을 한다. 한꺼번에 많이 먹어 두면 몇 달을 먹지 않고도 견딜 수 있고, 몇 km 앞에 있는 바다표범의 냄새를 구분할 수 있을 정도로 후각이 예민하다고 한다.

무기
강력한 앞발
강력한 앞발 펀치 한 방으로 바다표범의 목뼈를 꺾을 수 있다. 네 개의 발바닥에는 빼곡히 털이 나 있어 눈 위를 미끄러지지 않고 달릴 수 있는 것도 큰 장점이다.

스페셜 배틀 청

스밀로돈
사나운 검치호랑이

길이 **2m**
무게 **400kg**

Smilodon

분류	포유류 > 식육목 > 고양잇과
식성	육식
생존 시기	신생대 제4기

화석

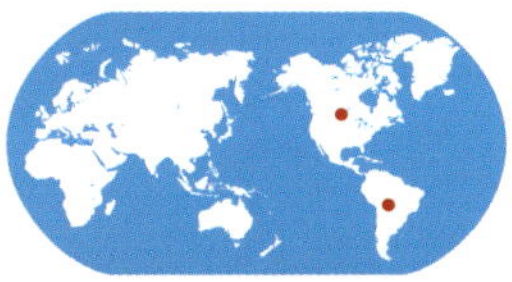

크기 비교

대형 고양잇과 동물로 검치호랑이라고도 불린다. 목과 머리의 근육이 매우 발달하였으며, 위턱에는 날카로운 송곳니가 있다. 사냥을 할 때는 송곳니로 먹잇감의 목과 배를 물어 과다 출혈로 목숨을 잃게 한다. 한 장소에서 여러 개의 화석이 발견된 것으로 보아 무리를 지어 생활한 것으로 추정된다.

날카로운 송곳니 무기
뒤로 젖혀진 형태의 송곳니가 최대의 공격 무기다. 톱날과 같이 날카로운 송곳니는 적에게 매우 깊은 상처를 입힐 수 있고 고기를 물어 찢는 데에도 매우 유용하게 사용된다.

현존 동물 VS 멸종 동물

이번 배틀은 북극의 최강 포식자 북극곰과 검치호랑이로 불리는 스밀로돈의 대결이다. 체격 면에서는 북극곰이 우세해 보이지만 강인한 송곳니를 무기로 한 스밀로돈도 만만치 않은 상대다. 배틀 무대는 얼음으로 뒤덮인 바다 근처로, 바다가 익숙한 북극곰은 상대를 물속으로 유인하려고 할 것이다. 이를 상대로 스밀로돈이 어떤 전략을 펼칠지 궁금하다.

날카로운 송곳니로 목을 물어뜯다!

START!

1 대혈전의 시작!
북극곰이 상대를 위협하기 위해 일어서자, 스밀로돈이 재빨리 뛰어올라 북극곰의 목을 물어뜯는다. 북극곰의 하얀 털이 붉은 피로 물들기 시작한다.

2 계속되는 격렬한 몸싸움!
북극곰은 스밀로돈을 떼어 내려고 발버둥을 친다. 스밀로돈 역시 어렵게 잡은 기회를 놓치지 않으려고 안간힘을 쓴다. 격렬한 몸싸움 끝에 두 마리 모두 차가운 바다로 떨어지고 마는데……

스페셜 배틀

POWER UP!

3 수중전에 강한 북극곰!
물에 빠져 허우적대던 스밀로돈이 육지로 올라가려고 발버둥 친다. 수영 실력이 뛰어난 북극곰이 재빠르게 다가가 스밀로돈을 물속으로 잡아당겨 목숨을 빼앗는다.

차가운 바닷속에서 적의 숨통을 끊다!

공격 포인트! 수중전에 유리한 수영 실력

북극곰이 뛰어난 수영 실력을 자랑하며 스밀로돈을 단숨에 제압했다.

배틀 무대가 바다로 바뀌어 북극곰에게 유리한 대결이 되면서 이번에도 현존 동물의 승리가 되었다. 만약 얼음 위에서 배틀을 이어 갔다면 과연 누가 승리했을까?

WINNER: 북극곰

멸종 동물 VS 멸종 동물

메갈로돈

지구 역사상 가장 큰 상어

길이 18m
무게 ?

Megalodon

분류 연골어류 > 악상어과	**화석** 세계 각지
식성 육식	
생존 시기 신생대	

크기 비교

지구상에서 가장 거대했던 육식성 상어로 추정된다. 크고 날카로운 이빨이 가장 큰 특징이며, 큰 이빨을 지탱하는 턱 역시 매우 발달했다. 완전히 자라면 몸길이가 최대 18m에 달했을 것으로 보인다. 유럽, 아프리카, 아시아, 마리아나 해구 밑바닥 등 세계 각지에서 화석이 발견되어 서식지가 광범위했다.

무기 - 날카로운 이빨

크고 날카로운 이빨이 최대 무기다. 발굴된 이빨 화석이 모두 10cm를 넘는다. 이빨 가장자리가 톱날처럼 뾰족한 모양이라 먹잇감의 살점을 쉽게 뜯을 수 있다.

스페셜 배틀

모사우루스
백악기의 공격형 잠수함

길이 **18m**
무게 **?**

Mosasaurus

분류	파충류 > 유린목	
식성	육식(물고기)	
생존 시기	트라이아스기 / 쥐라기 / 백악기	
화석		
크기 비교		

모사우루스는 최강 수중왕답게 돌발 파이터인 스피노사우루스까지 멋지게 제압했다. 배틀 초반, 과감히 공격을 시도했던 스피노사우루스는 모사우루스의 사나운 공격에 돛을 잃고 목숨마저 빼앗겼다. 모사우루스는 거침없는 공격과 뛰어난 전술을 선보이고 최강 수중왕의 자리를 차지했다.

스피노사우루스와의 배틀 장면 122p

멸종 동물 VS 멸종 동물

최강 수중왕, 모사사우루스의 목숨을 호시탐탐 노리는 파이터가 나타났다. 지구상에서 가장 거대했던 상어로 추정되는 메갈로돈이다. 메갈로돈은 모사사우루스와 비슷한 체격이지만 뛰어난 수영 실력과 날카로운 이빨을 지녔다. 모사사우루스는 이 최대 강적을 어떻게 상대할까? 시대를 초월한 바다의 최강자를 결정짓는 배틀이 지금 시작된다.

1 돌진하며 선제 공격!
모사사우루스가 선제 공격을 위해 맹렬히 돌진한다. 메갈로돈은 재빨리 바닷속 깊이 내려가 모사사우루스의 공격을 피한다.

START!

치열한 수중전이 시작되다!

2 머리 위 사냥감 추적!
메갈로돈은 바다 깊은 곳에서 위쪽을 올려다보며 주변을 경계하고 있는 모사사우루스를 지켜본다. 그리고 공격 태세를 취한다.

스페셜 배틀

거대한 몸으로 밀어붙이다!

POWER UP!

3 거대 상어의 육탄 공격!
무서운 속도로 상승하는 메갈로돈! 모사사우루스에게 그대로 달려들어 몸으로 밀어붙이고 옆구리를 물어뜯기 시작한다. 그 충격으로 모사사우루스의 몸통이 찢기고 살점이 떨어져 나간다.

깊은 바닷속에서 빠르게 상승해 적을 습격하는 방법은 상어류 동물의 사냥법이다. 모사사우루스는 이 공격에 반격 한 번 해 보지 못하고 패하고 말았다.

공격 포인트! 재빠른 태클

메갈로돈의 빠른 속도와 몸으로 밀어붙이는 태클이 승부를 가르는 열쇠가 되었다.

WINNER: 메갈로돈

공룡 호기심

능력별 최강 공룡

공룡 세계에서 살아남기 위해 공룡들은 자신만의 능력이나 기술을 키워 나갔다. 중요한 능력으로 공격력, 방어력, 스피드력 3가지를 꼽을 수 있으며, 이중 최고의 능력은 공격력, 그 다음이 방어력, 스피드력 순이다.

1. 공격력 — 티라노사우루스

'폭군 왕 도마뱀'이라는 뜻의 이름답게 공격력 최강의 육식 공룡이다. 크고 단단한 머리뼈, 튼튼한 몸, 강한 턱 힘이 특징이다. 지구 역사상 최강의 생물이었을 것으로 추정된다.

2. 방어력 — 안킬로사우루스

안킬로사우루스는 몸에 골판을 두른 곡룡류 가운데 가장 몸집이 크다. 단단한 몸으로는 철벽 방어를 했고, 꼬리에 있는 커다란 뼈 뭉치로는 기습 공격이 가능했다.

3. 스피드력 — 카르노타우루스

카르노타우루스는 백악기 후기에 남아메리카 지역에서 살았던 공룡이다. 뒷다리가 매우 발달하였으며 시속 50km 이상으로 매우 재빠르게 달렸다고 한다.

최강 공룡왕 배틀

결승전

티라노사우루스 **VS** 기가노토사우루스

최강 공룡왕의 결승전에 올라온 파이터는 A조의 승자 티라노사우루스와 B조의 승자 기가노토사우루스이다. 두 공룡 모두 거대 육식 공룡으로 강인한 체력과 무시무시한 공격력, 뛰어난 지능의 소유자들이다. 최강 공룡왕의 자리를 두고 펼쳐지는 세기의 대결! 막상막하의 치열한 대결이 곧 시작된다.

홍 티라노사우루스 ★★★★★★★★★★★★★ 결승전

드디어 최강 공룡왕을 결정하는 결승전이 되었다. A조에서는 티라노사우루스, B조에서는 기가노토사우루스가 출전한다. 두 공룡 모두 치열한 토너먼트 경기에서 살아남은 강력한 우승 후보들이다. 강력한 턱을 자랑하는 티라노사우루스 대 날카로운 이빨을 자랑하는 기가노토사우루스의 대결! 과연 최강 공룡왕 타이틀은 둘 중 어느 쪽이 차지하게 될까?

공룡 토너먼트 최후의 대결!

1 기가노토사우루스의 선공!
티라노사우루스는 자신보다 큰 기가노토사우루스를 경계한다. 반면 체격 면에서 우위라고 판단한 기가노토사우루스는 상대를 과소평가하고 단숨에 승부를 내려한다.

2 앞다리 물어뜯기 공격!
기가노토사우루스가 상대를 향해 덤벼들어 짧은 앞다리를 물어뜯는다. 작은 다리부터 떼어 낸 후 몸통을 공격하려는 계획이다.

★ 공룡왕 토너먼트 ★★★★★★★ 기가노토사우루스

3 티라노사우루스의 반격!
티라노사우루스는 자신의 다리를 물고 늘어지는 적의 머리를 덥석 물어 버린다. 방심하고 있던 기가노토사우루스는 머리뼈가 부서지면서 정신을 잃고 쓰러진다.

공룡 시대 최강 파이터는?

**공격 포인트!
초강력 턱 힘**

티라노사우루스의 강력한 턱이 상대의 머리뼈를 단숨에 부숴 버렸다.

체격 면에서 자신이 유리하다고 생각한 기가노토사우루스가 방심한 나머지 배틀에서 패하고 말았다. 티라노사우루스는 신중하고 재빠르게 공격해 마침내 최강 공룡왕이 되었다.

WINNER 티라노사우루스

★최강 공룡왕 총평가 및 우승자

A조 공룡왕

WINNER

티라노사우루스

부전승으로 예선 ❷라운드에 진출하여 데이노니쿠스, 트리케라톱스 등을 물리치고 A조 승자가 되었다. 최강 무기는 무엇이든 단숨에 부숴 버리는 강력한 턱이다.

WINNER

기가노토사우루스

테리지노사우루스, 스피노사우루스 등의 강력한 공룡들을 물리치고 B조 승자가 되었다. 최강 무기는 날카로운 이빨이다. 배틀 도중 상대의 발톱에 눈이 찢기는 부상을 입고도 대결을 멈추지 않는 강인함을 보여 주었다.

B조 공룡왕

수중 최강왕

WINNER

모사사우루스

공룡 시대의 다양한 수중 동물이 출전한 수중왕 토너먼트에서 후타바사우루스, 리오플레우로돈을 물리치고 수중왕이 되었다. 육식 공룡과의 돌발전에서도 뛰어난 전술과 공격 기술을 선보이며 최강 수중왕의 명성을 지켰다.

최강 공룡왕 WINNER

A조와 B조의 승자들이 결승전에서 만나 드디어 최강 공룡왕이 탄생했다. 그 영광의 주인공은 바로 티라노사우루스! 무시무시한 공격력과 파워를 자랑하며 치열한 토너먼트에서 살아남은 티라노사우루스에게 축하의 박수를 보낸다.

티라노사우루스

공룡 상식
공룡은 왜 멸종했을까?

치크술루브 운석공의 위치와 크기

미국, 치크술루브 운석공, 유카탄반도, 과테말라, 180km, 칸쿤, 벨리즈, 온두라스

멕시코의 유카탄반도에 있는 지름 약 180km의 치크술루브 운석공이 공룡 멸종의 원인이 된 거대한 운석의 충돌 지점이라고 보고 있다.

가장 유력한 멸종의 원인은 거대한 운석 충돌!

중생대(트라이아스기, 쥐라기, 백악기)에 지구를 지배했던 공룡은 약 6,600만 년 전에 갑자기 모습을 감추었다. 공룡이 지구상에서 갑자기 사라진 이유에 대해 공룡을 연구하는 과학자들은 여러 가지 설을 내놓았다. 그중 몇 가지를 소개하면, 당시 현재의 인도에서 일어난 대규모 화산 폭발설, 전염병 유행설, 운석 충돌설 등이 있고, 또한 지구에 속씨식물(꽃식물 가운데 밑씨가 씨방 안에 싸여 있는 식물)이 출현하여 초식 공룡이 소화를 시키지 못해 일어난 생태계 파괴설 등도 있다.

수많은 설 중에 가장 유력한 것은 운석 충돌설이다. 운석 충돌설은 유카탄반도에 지름 약 10km의 운석이 떨어졌다는 것이다. 이 충돌로 거대한 폭발이 일어나 1500도나 되는 고온의 기체가 하늘을 뒤덮어 숲과 초원이 불에 타고, 수백 m 높이의 해일이

1억 6,000만 년 동안 지구를 지배했던 공룡들이지만, 조류를 제외한 공룡은 홀연히 자취를 감추어 버렸다. 왜 공룡은 사라진 것일까? 그 수수께끼의 비밀을 밝히려는 과학자들의 노력은 지금도 계속되고 있다.

해일이 발생했을 것으로 추정된다. 엄청난 양의 잿더미가 하늘로 솟구쳤고 마침내 지구 전체를 뒤덮게 되었다. 상상하기도 어려운 대규모의 천재지변으로 인해 '충돌 겨울'이라 불리는 혹한기가 지구에 찾아왔다. 잿더미가 태양 빛을 차단하여 운석 충돌 이후 10년 동안 지구의 기온은 10도나 낮아졌다.
식물들은 광합성(녹색식물이 빛 에너지를 이용하여 영양분을 만드는 과정)이 불가능해져서 현저히 줄어들었고, 식물이 줄어들자 초식 공룡을 포함한 동물들이 모습을 감추고 뒤를 이어 초식 동물을 잡아먹었던 육식 동물들까지도 모습을 감추었다.
이것이 1억 6,000만 년 동안 지구상에서 크게 번영을 이루었던 공룡이 멸종한 가장 유력한 이유라고 한다.
공룡 멸종 사건으로 공룡뿐 아니라 수중 파충류와 익룡류 등도 사라지게 되었다. 그런데 공룡의 일종인 조류는 살아남아 현재까지 생존해 오고 있다.

색 인

최강 공룡왕 토너먼트

공룡명	쪽수
기가노토사우루스	49~51, 88~89, 130~131, 136~137, 154~155
단바티타니스	40, 42~43, 86~87
데이노니쿠스	20, 22~23, 82~83, 126~127, 141~143
데이노케이루스	57~59
마푸사우루스	21~23
미라가이아	17~19
미크로랍토르	73~75
벨로키랍토르	69~71
사이카니아	32, 34~35, 84~85, 128~129
스테고사우루스	16, 18~19, 79~81
스테고케라스	24, 26~27
스피노사우루스	95~97, 120, 122~123, 132~133, 136~137
아르젠티노사우루스	48, 50~51
안킬로사우루스	33~35
알로사우루스	28, 30~31, 84~85
오르니토미무스	72, 74~75, 94, 96~97
이구아노돈	60, 62~63
카르노타우루스	29~31
카르카로돈토사우루스	53~55, 88~89
케찰코아틀루스	65~67, 92~93
테리지노사우루스	56, 58~59, 90~91, 130~131
트로오돈	68, 70~71, 92~93, 132~133
트리케라톱스	36, 38~39, 86~87, 128~129, 134~135
티라노사우루스	78, 80~81, 126~127, 134~135, 154~155
티란노티탄	52, 54~55
파라사우롤로푸스	61~63, 90~91
파키리노사우루스	37~39
파키케팔로사우루스	25~27, 82~83
프테라노돈	64, 66~67
후쿠이랍토르	41~43

최강 수중왕 토너먼트

동물명	쪽수
리오플레우로돈	110, 112~113, 118~119
메트리오린쿠스	102, 104~105
모사사우루스	115~119, 121~123, 149~151
아르켈론	103~105, 111~113
탈라토아르콘	106, 108~109
후타바사우루스	107~109, 114, 116~117

스페셜 배틀

동물명	쪽수
메갈로돈	148, 150~151
북극곰	144, 146~147
스밀로돈	145~147
회색늑대	140, 142~143

BATTLE

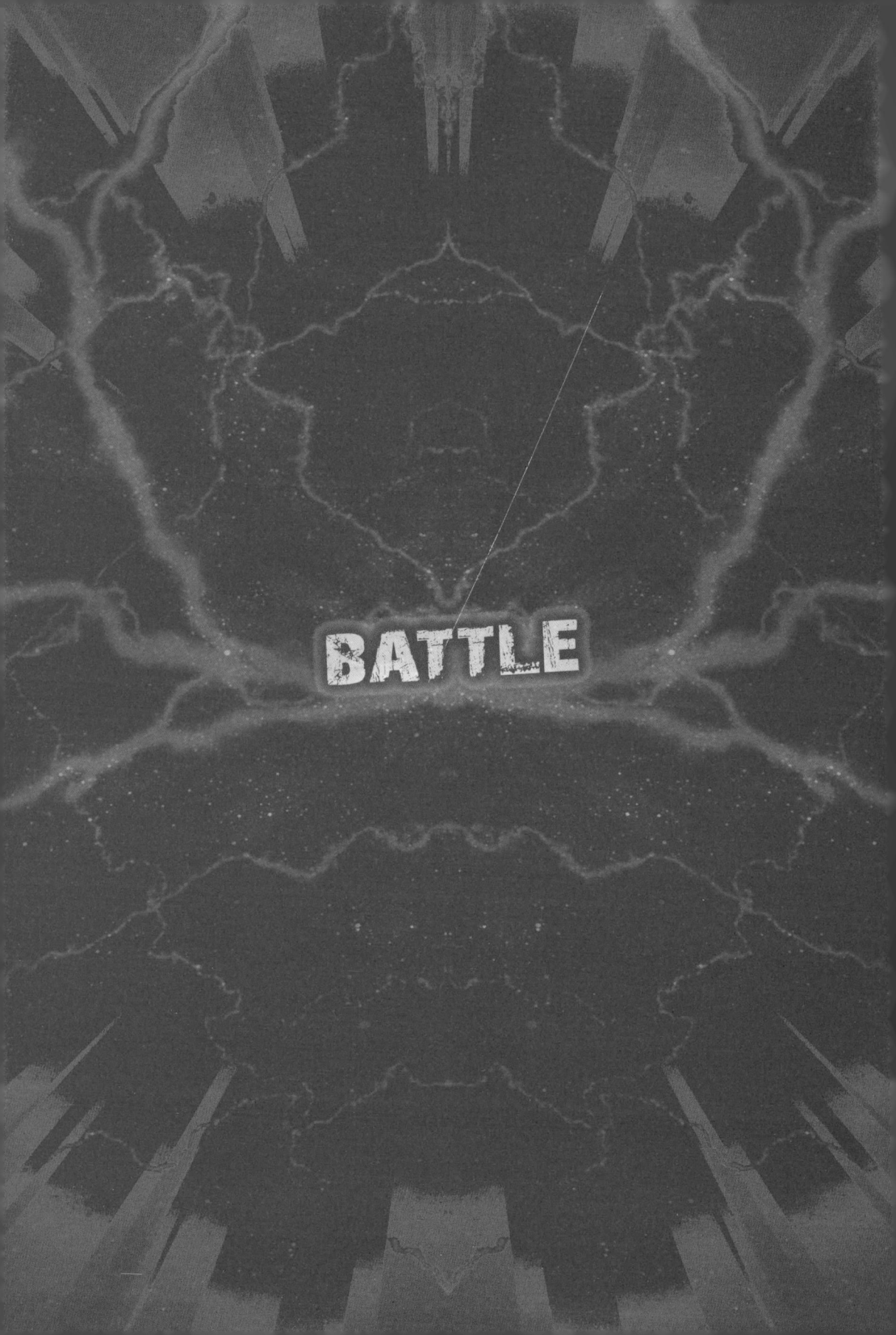